李瑞洁◎著

礼的教育

LI DE
JIAOYU

黑龙江人民出版社

图书在版编目(CIP)数据

礼的教育 / 李瑞洁著. — 哈尔滨:黑龙江人民出版社,2019.1(2021.5重印)
ISBN 978-7-207-11758-8

Ⅰ.①礼… Ⅱ.①李… Ⅲ.①礼仪—小学—课外读物 Ⅳ.①G625.5

中国版本图书馆 CIP 数据核字(2019)第 029271 号

责任编辑:付秋婷
封面设计:欣鲲鹏

礼的教育

李瑞洁 著

出版发行 黑龙江人民出版社
　　　　　地　址　哈尔滨市南岗区宣庆小区 1 号楼(150008)
　　　　　网　址　www.hljrmcbs.com
印　　刷　北京一鑫印务有限责任公司
开　　本　787×1092　1/16
印　　张　15
字　　数　120 千字
版次印次　2019 年 1 月第 1 版　2021 年 5 月第 2 次印刷
书　　号　ISBN 978-7-207-11758-8
定　　价　40.00 元

版权所有　侵权必究　　　　举报电话:(0451)82308054
法律顾问:北京市大成律师事务所哈尔滨分所律师赵学利、赵景波

序 言

不学礼，无以立。文明礼仪是个人素质的体现，也是个人道德与社会公德的体现。作为五千年文明的礼仪之邦，讲文明、习礼仪，也是弘扬民族传统文化、展示民族精神的重要途径。《礼的教育》旨在引导学生从小做起，学礼、知礼、行礼，努力成为道德高尚、富有理想、快乐健康、全面发展的新一代，为民族的振兴奠定好人格的基因！

《礼的教育》一书按照同学之礼、师长之礼、孝亲之礼、社会之礼的顺序进行编排，从仪表之礼、言谈之礼、待人之礼、行走之礼、观赏之礼等多个方面进行阐释。每个章节都按照"问号屋""风向标""故事屋""读一读""互动广场""引经据典""拓展营地"等课程结构进行呈现，教学脉络非常清晰。其中的"风向标"，以少年儿童十分喜闻乐见的歌谣呈现出来，让学生在诵读中知道什么是对的，什么是错的，哪些事情可以做，哪些事情不可以做。"引经据典"中，把经典国粹纳入其中，把礼仪教育与中华优秀传统文化有机融合，让学生在"明礼知行"的过程中积淀深厚的国学素养。同时，教材中还插入了生动鲜活的图片，图文并茂，能引发学生学习探究的欲望。

这是一套具有推广价值的校本教材。本书把传统的礼仪规范和学生的社会生活结合在一起，与习惯养成教育融合在一起，达到文化育人、活动育人所应有的立德树人的效果。因为这本书的编委是来自于一线的教育实践者，这是他们基于学生现实问题的深入思考，更是针对小学生如何修身养德的实践与探索，所以，具有一定的针对性、实效性和推广性。

2018.12

目 录

第一编

第一章　同学之礼 ·· 002
第一节　自我介绍时 ·· 002
第二节　同学交友时 ·· 005
第三节　同学发言时 ·· 007

第二章　师长之礼 ·· 009
第一节　我会称呼老师 ·· 009
第二节　我会问候老师 ·· 011
第三节　我会遵守时间 ·· 013

第三章　孝亲之礼 ·· 015
第一节　称呼长辈时 ·· 015
第二节　招呼父母时 ·· 018
第三节　问候长辈时 ·· 021

第四章　社会之礼 ·· 024
第一节　你会打电话吗？·· 024
第二节　文明过马路 ·· 026
第三节　味美，人更美 ·· 029

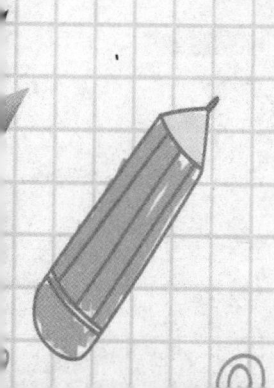

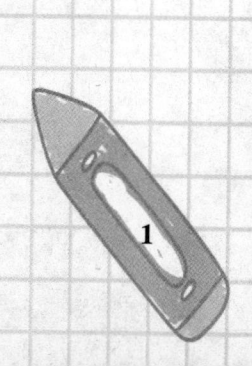

第二编

第一章 同学之礼 …… 033
第一节 课间活动时 …… 033
第二节 课堂相处时 …… 037
第三节 需要互相帮助时 …… 040

第二章 师长之礼 …… 043
第一节 请假之礼 …… 043
第二节 课前之礼 …… 045
第三节 课堂之礼 …… 048

第三章 孝亲之礼 …… 051
第一节 起居之礼 …… 051
第二节 餐桌之礼 …… 054
第三节 拜年之礼 …… 057

第四章 社会之礼 …… 059
第一节 文明小乘客 …… 059
第二节 遵守秩序人人夸 …… 063
第三节 争做环保小卫士 …… 066

第三编

第一章 同学之礼 …… 071
第一节 借还物品时 …… 071
第二节 发生误会时 …… 073
第三节 纠正错误时 …… 076

第二章	师长之礼	079
第一节	礼让之礼	079
第二节	进办公室之礼	081
第三节	珍惜老师的劳动	083
第三章	孝亲之礼	086
第一节	了解父母	086
第二节	疼惜父母	089
第三节	回报父母	092
第四章	社会之礼	095
第一节	我是文明小主人	095
第二节	我是文明小客人	099
第三节	文明观看表演	102

第四编

第一章	同学之礼	106
第一节	同学之间通话时	106
第二节	到同学家做客时	108
第三节	面对同学隐私时	110
第二章	师长之礼	114
第一节	与老师交谈之礼	114
第二节	教师家访之礼	116
第三节	拜访老师之礼	119
第三章	孝亲之礼	122
第一节	知晓长辈节日	122
第二节	理解尊重长辈	124

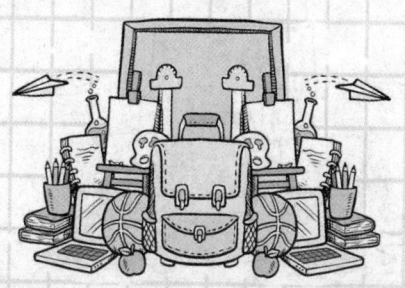

第三节	注意言谈举止	128
第四章	**社会之礼**	**131**
第一节	图书馆里莫喧哗	131
第二节	做文明小观众	134
第三节	做文明小听众	137

第五编

第一章	**同学之礼**	**141**
第一节	同学竞争之礼	141
第二节	同学谦让之礼	145
第三节	同学宽容之礼	148
第二章	**师长之礼**	**151**
第一节	尊重师长	151
第二节	虚心接受批评	155
第三节	正确评价老师	158
第三章	**孝亲之礼**	**161**
第一节	与父母一起探望病人	161
第二节	和父母一起承担家务	164
第三节	同父母一起外出游玩	167
第四章	**社会之礼**	**170**
第一节	仪表之礼	170
第二节	正确认识网络	174
第三节	健康上网的礼仪	178

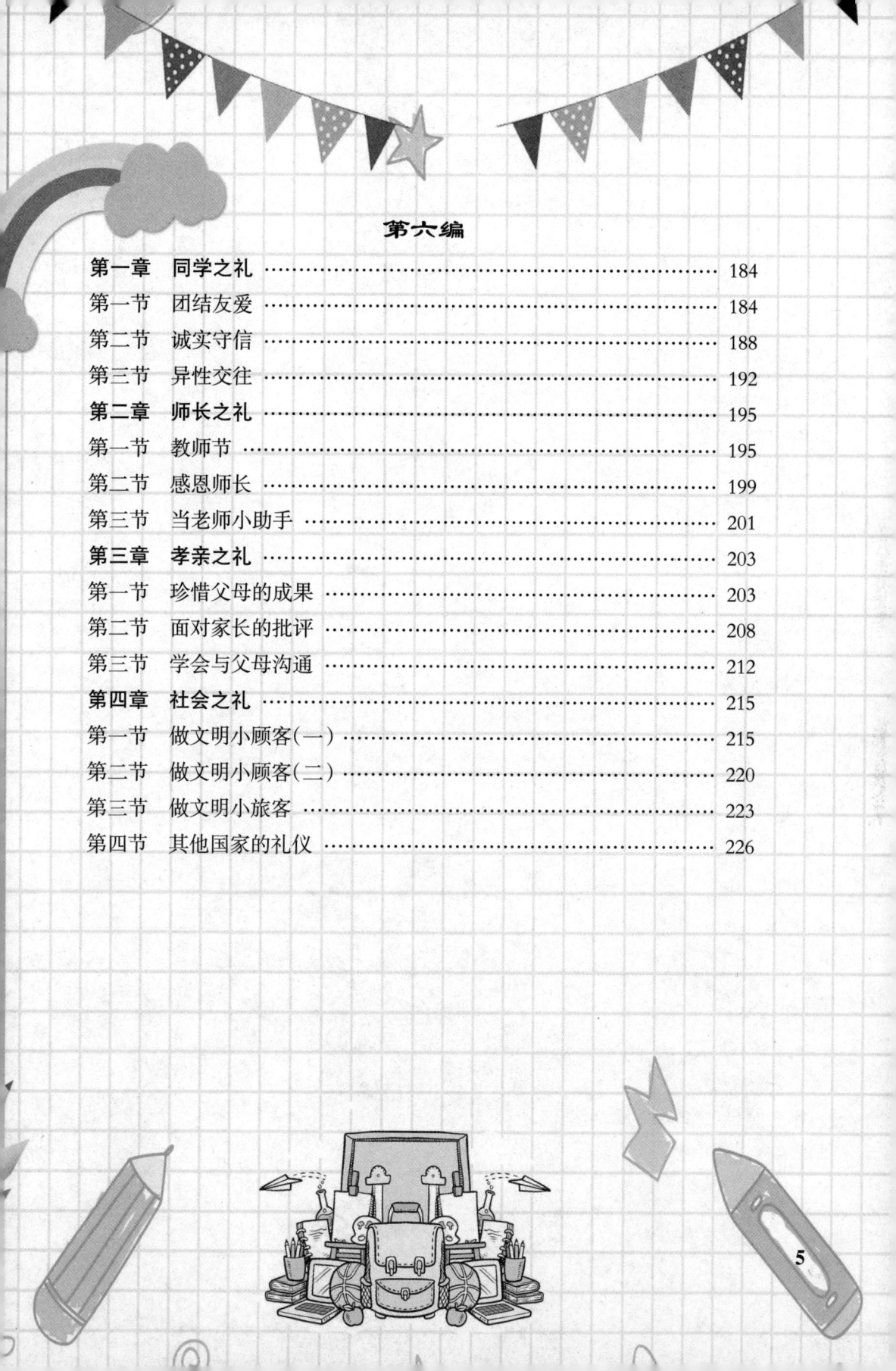

第六编

第一章 同学之礼 ……………………………… 184
第一节 团结友爱 ……………………………… 184
第二节 诚实守信 ……………………………… 188
第三节 异性交往 ……………………………… 192
第二章 师长之礼 ……………………………… 195
第一节 教师节 ………………………………… 195
第二节 感恩师长 ……………………………… 199
第三节 当老师小助手 ………………………… 201
第三章 孝亲之礼 ……………………………… 203
第一节 珍惜父母的成果 ……………………… 203
第二节 面对家长的批评 ……………………… 208
第三节 学会与父母沟通 ……………………… 212
第四章 社会之礼 ……………………………… 215
第一节 做文明小顾客（一） ………………… 215
第二节 做文明小顾客（二） ………………… 220
第三节 做文明小旅客 ………………………… 223
第四节 其他国家的礼仪 ……………………… 226

第 一 编

第一章 同学之礼

第一节 自我介绍时

问号屋

小朋友们,现在你已经是一年级小学生了,你想让老师和同学们都认识你吗?你打算怎样向大家介绍自己呢?给你喜欢的小蜗牛涂上颜色吧!

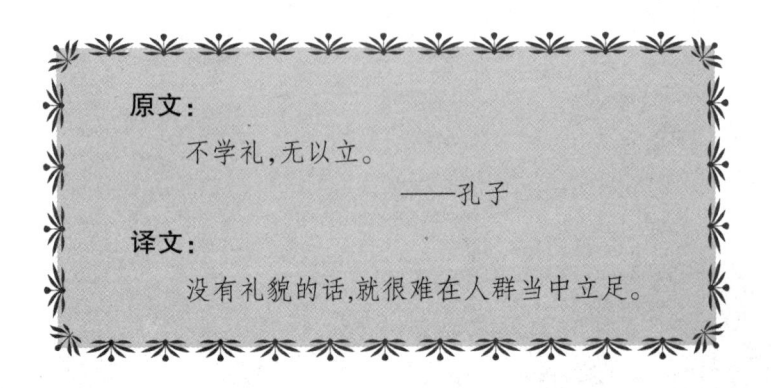

- 介绍自己的名字
- 我的家在哪里
- 我的爱好、特长
- 我的生日
- 我今年几岁
- 父母的名字、工作单位
- 我的理想
- 我的联系方式

引经据典

原文:

不学礼,无以立。

——孔子

译文:

没有礼貌的话,就很难在人群当中立足。

故事屋

爱吹牛的小花

　　从前,有一只小花狗,它很爱吹牛。一天,小花狗出去玩,突然,"砰"地一声,一只老鹰从天上掉了下来,正好落在小花狗的面前,小花狗就把鹰叼了回去,对它的白马朋友们说:"看,我打死了一只老鹰,我还要打死老虎呢!"一天,小花狗又到森林中去玩。突然,窜出来一只老虎,小花狗没命地逃呀逃,最后竟掉到一个大坑里。老虎对小花狗说:"小花狗,听说你的本事很大,打死了一只老鹰,还要打死一只老虎,是吗?"小花狗害怕地说:"不,不,这都是我吹牛吹出来的,老虎,饶了我吧!"突然,老虎一抖,抖下一张虎皮来,原来是白马!白马们一起把小花狗从大坑里救了上来。爱吹牛的小花狗呀,羞得低下了头。

互动广场

小朋友们,千万别学小花狗那样爱吹牛呀,介绍自己的时候一定要实事求是,还要有礼貌。现在请你快快向大家介绍一下你自己吧!

风向标

我们要这样做

见到同学问声好,诚实守信讲礼貌。

同学之间要谦让,同学过失多体谅。

同学优点多赞扬,同学不足指方向。

同学有难主动帮,同学开心要分享。

课上学习要合作,课下游戏讲健康。

影响同学"对不起",回答请说"没关系"。

礼仪铺就文明路,微笑常常挂脸庞。

第二节　同学交友时

问号屋

同学们,你在学校里有几个好朋友了?你知道怎样才能拥有更多的好朋友吗?

风向标

> 我是快乐小学生,文明礼仪记心中;家长送到校门口,进了校园自己走;见到老师有礼貌,大大方方问声好;课间活动要做好,不打不闹不奔跑;上下楼梯靠右行,不拥不挤不跑跳;爱护整洁讲卫生,果皮纸屑不乱扔;好习惯要早养成,有教养呀益终生。

文明寄语

用宽容的心境和同学相处,友谊才能稳固和长久。
与同学友好相处,必须以诚相待,要有一颗宽容的心。

故事屋

A.课间时,文文把毛毛虫放到小美的文具盒中,当小美上课拿笔时,她吓得大叫起来。文文做得对吗?为什么?

B.课堂上,丽丽忘记了带铅笔,同桌的东东有两支笔,他不肯把笔借给丽丽用。东东做得对吗?为什么?

C.下雨了,小明带了雨伞,可小强没带雨伞,小明和小强放学共撑一把伞,小明先把小强送回家,然后自己才回家。小明做得对吗?为什么?

互动广场

小朋友们,你知道怎样和同学交朋友了吗?如果你的朋友遇到了困难,你会怎么做呢?请你和同学表演一下吧!

第三节　同学发言时

问号屋

小朋友们,上课时大家一定要注意听讲哦,当同学回答问题的时候,你知道怎样做才是有礼貌吗?将正确答案前面的小花涂上颜色吧!

🌷 同学回答问题出错时,其他学生哄堂大笑。

🌷 认真倾听,认真思考。

🌷 同学回答结束后才可以补充。

🌷 随意打断别人的发言。

🌷 眼睛注视对方的表情。

🌷 东张西望,搞小动作。

🌷 在下面七嘴八舌的议论。

🌷 同学回答得精彩可以报以热烈的掌声。

风向标

我们要这样做

同学发言要坐好,保持安静有礼貌。
眼睛注视着对方,不要张望不溜号。
边听还要边思考,不议论来不吵闹。
同学回答错误时,不要打断不嘲笑。
发言结束再补充,这样才能说得通。
同学回答得精彩,鼓励对方把手拍。
学习效率高不高,学会倾听最重要。

文明寄语

倾听是礼貌的最高形式。
认真听别人发言是尊重他人的表现,也是行为文明的具体体现。

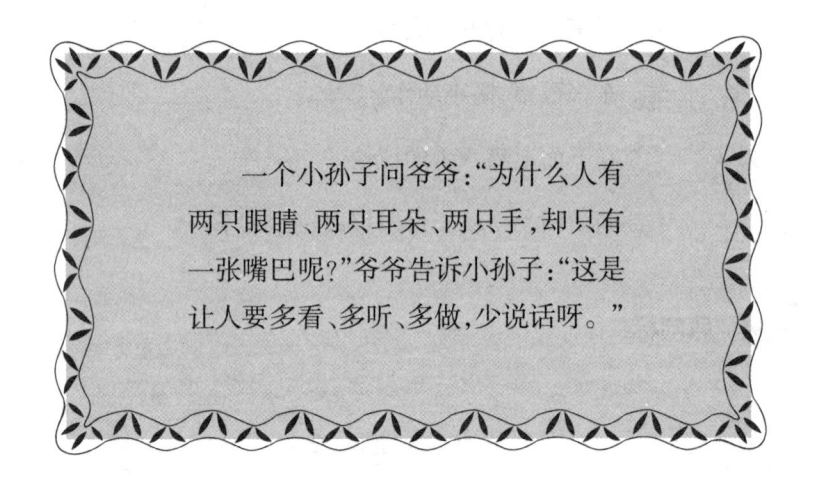

故事屋

一个小孙子问爷爷:"为什么人有两只眼睛、两只耳朵、两只手,却只有一张嘴巴呢?"爷爷告诉小孙子:"这是让人要多看、多听、多做,少说话呀。"

问一问

亲爱的小朋友们,学会认真倾听吧,每天问问自己:今天,你认真倾听了吗?

第二章　师长之礼

第一节　我会称呼老师

开学了，小红和小明都成为逸夫小学一年级的小学生，有一天小红的铅笔盒坏了，她对老师说："刘老师，您能帮我修上铅笔盒吗？"刘老师帮她修好了铅笔盒。体育课下课后，小明跑回班级对刘老师说："哎，我渴了，水桶里没有水，换桶新水吧！"刘老师帮他换了新水。

聪明的小朋友，请你想一想刘老师会喜欢谁？

为什么？
_____

小明应该怎样改正呢？
_____
_____
_____

想一想

同学们,你平时怎样称呼老师的?

班主任老师＿＿＿＿＿＿　　美术老师＿＿＿＿＿＿

音乐老师＿＿＿＿＿＿　　体育老师＿＿＿＿＿＿

写字老师＿＿＿＿＿＿　　校本老师＿＿＿＿＿＿

风向标

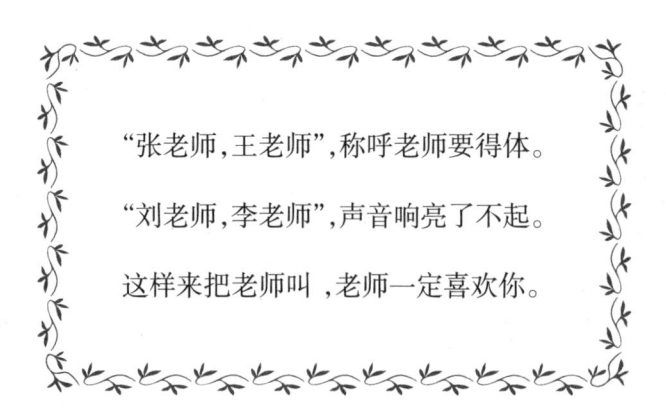

"张老师,王老师",称呼老师要得体。

"刘老师,李老师",声音响亮了不起。

这样来把老师叫,老师一定喜欢你。

第二节　我会问候老师

问号屋

我们可以这样向老师问好：

"老师您好！""老师再见！"
　　敬队礼　鞠躬礼

还可以怎样向老师问好？

故事屋

懂事的玲玲

玲玲已经是一年级的小学生了，她每次见到老师都主动问好，老师很喜欢她，今天在楼梯间她遇到了几位新老师，她非常有礼貌地鞠了一躬说："老师，您好！"老师们都夸她是个懂礼貌的好孩子。

想一想

把你认为对的涂上红色,错的涂上黄色。

1.在校园里看见老师就躲开。
2.在操场上主动和老师问好。
3.问候的声音太大或太小。
4.敬队礼或鞠躬的动作不标准。
5.在校外看见老师主动打招呼。

互动广场

开动脑筋想一想:
(1)在什么地方会遇到老师,你会怎样跟老师问好?分别时你是怎么做的?
(2)同时遇到几位老师怎么办?
(3)放学时你是如何与老师打招呼的?
想好后小组内说一说,演一演。

风向标

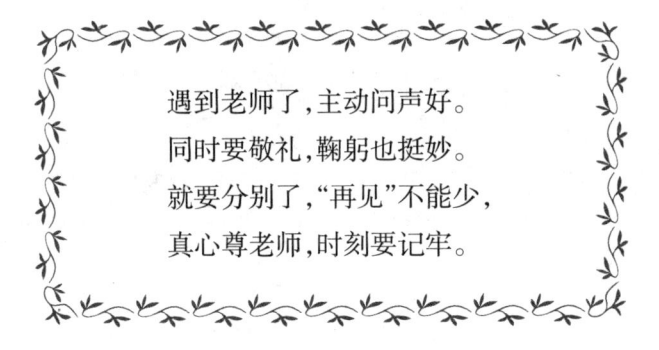

遇到老师了,主动问声好。
同时要敬礼,鞠躬也挺妙。
就要分别了,"再见"不能少,
真心尊老师,时刻要记牢。

第三节　我会遵守时间

问号屋

小丽是个聪明可爱的小学生,老师和同学们都很喜欢她,可是她每天上学的时候总是迟到,每一次老师都要停止讲课,让她进入班级,小朋友们你们认为小丽这样做对吗?

请你来判断,对的画 ☺　错的画 ☹

1.小明每天都能按时上学。(　　)

2.小红上课时很想妈妈,但是她每次都能坚持到放学。(　　)

3.王峰家离学校很近,但每次上学总是迟到五分钟。(　　)

4.郭美每次上学都要妈妈送到教室里面。(　　)

5.汪洋的奶奶来学校接他,但他仍然坚持值完日再走。(　　)

6.李念的家很远,但每次都是放学后才离开教室。(　　)

7.张强迟到时也不敲门,直接进入教室。(　　)

我会唱

小手牵着妈妈手,
不哭不闹自己走。
好朋友,抱一抱,
好老师,亲一亲,
不迟到,不早退,
大家夸我好宝宝。

引经据典

一寸光阴一寸金,寸金难买寸光阴。

互动广场

红红的时间表	我的时间表
6:30 起床	
7:00 上学	
3:20 放学	
4:00 做作业	
8:00 睡觉	

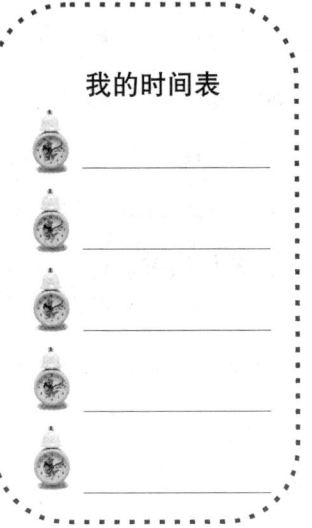

第三章　孝亲之礼

第一节　称呼长辈时

问号屋

同学们,你们已经是一年级的小学生了,相信你一定对亲戚间的称呼有了一定的了解,现在我要考考你了!(请把正确的花朵涂上颜色)

1. 爸爸的爸爸叫什么?

　爷爷　○　　　姥爷　○

2. 妈妈的妈妈叫什么?

　姥姥　○　　　姥爷　○

3. 妈妈的姐妹叫什么?

　姑姑　○　　　姨　○

4. 爸爸的弟弟叫什么?

　叔叔　○　　　舅舅　○

快来比一比,谁得到了四朵花。

亲属之间称谓歌

爸爸生日多幸福,
亲属来了坐一屋。
妈妈的妈妈喊外婆,
爸爸的妈妈喊祖母;
妈妈的爸爸喊外公,
爸爸的爸爸喊祖父;
妈妈的姐妹我喊姨,
爸爸的姐妹我喊姑。
妈妈的兄弟我喊舅,
爸爸的兄弟我喊叔。
一个一个都喊遍,
不要喊错全记住。

熟人之间称谓歌

年纪老的白发多,
我喊爷爷或婆婆;
年纪大的面前过,
叔叔阿姨莫喊错;
年纪和我差不多,
一起玩耍喊得多:
小喊弟弟和妹妹,
大喊姐姐和哥哥。

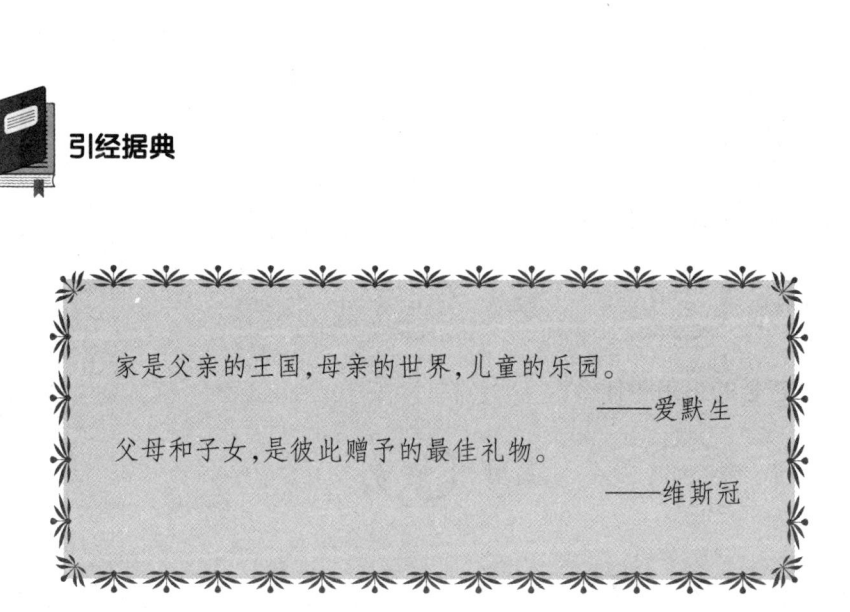

引经据典

家是父亲的王国,母亲的世界,儿童的乐园。
——爱默生
父母和子女,是彼此赠予的最佳礼物。
——维斯冠

故事屋

女儿的合同

女儿总是希望妈妈多给一点零用钱。一天,女儿跟妈妈说:"妈妈,我们写个合同好吗?"妈妈觉得奇怪,笑着说:"好啊!合同由你决定!"于是,女儿写道:擦桌子一次1元钱;洗碗筷一次1元钱;扫地一次1元钱;做饭一次5元钱;洗衣服一次3元钱。妈妈看了就说:"那你一天起码要给我25元钱!"女儿疑惑地问:"为什么?"妈妈放下手中正在洗的衣服说:"我每天要为你做三顿饭,洗三次碗筷,擦三次桌子,还要扫地、洗衣服,除了这些还有其他的家务活,你算一算吧!"

儿女们总能想到自己为妈妈做了什么,却总是忘记妈妈为自己做了什么。

小朋友们,妈妈算得对吗?你能帮文中的女儿算一算吗?

读一读

"娅"是回族对母亲的称呼。
"阿妈"是基诺族对母亲的称呼。
"额吉"是蒙语对母亲的称呼。
"额娘"是满族对母亲的称呼。
"阿娜"是维吾尔族对母亲的称呼。

第二节 招呼父母时

问号屋

作为一年级的小学生了,你每天上学前、放学后见到父母时是怎样打招呼的呢?

风向标

1.打招呼:面带微笑,目视对方,正确称呼,大声问候!
2.上学离开家、放学回到家时,应与父母及亲人打招呼。
3.熟练地掌握一些常见的招呼语和打招呼的方式。

读一读

我还会背呢!

Hi!	(你好!)
Hello!	(你好!)
Good morning!	(早上好!)
Good evning!	(晚上好!)
How are you?	(你好吗?)

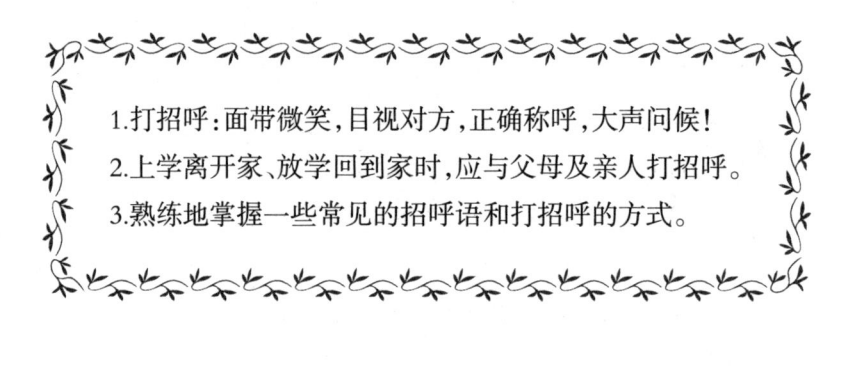

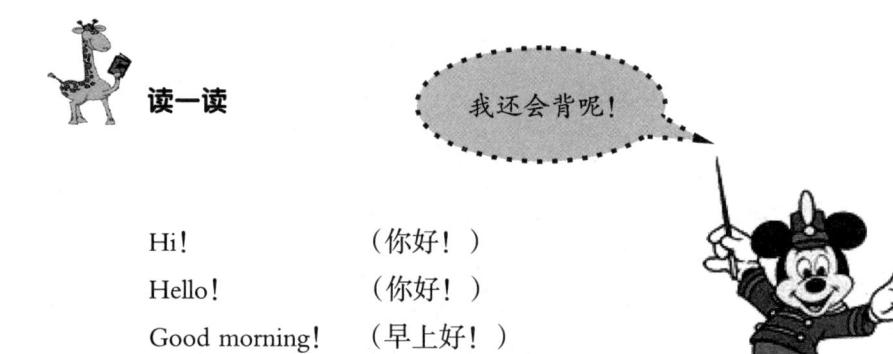

我会唱

我的好妈妈

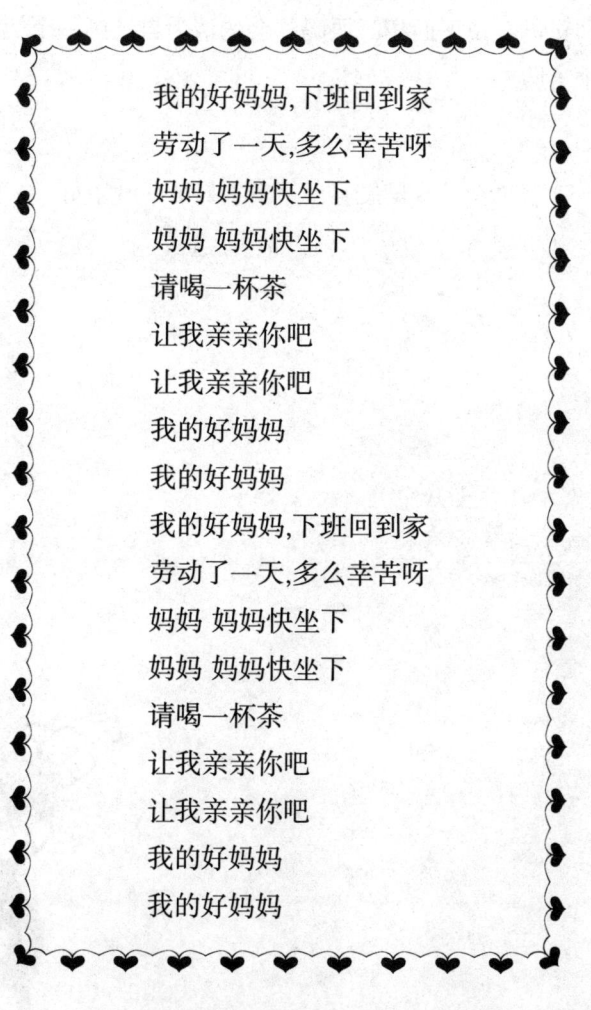

我的好妈妈,下班回到家
劳动了一天,多么辛苦呀
妈妈 妈妈快坐下
妈妈 妈妈快坐下
请喝一杯茶
让我亲亲你吧
让我亲亲你吧
我的好妈妈
我的好妈妈
我的好妈妈,下班回到家
劳动了一天,多么辛苦呀
妈妈 妈妈快坐下
妈妈 妈妈快坐下
请喝一杯茶
让我亲亲你吧
让我亲亲你吧
我的好妈妈
我的好妈妈

互动广场

你每天和父母会说下面招呼语吗？会的请为自己画一个笑脸。试一试，你能得到几个笑脸？

您好　　早晨好　　下午好　　晚上好
(　)　　(　)　　(　)　　(　)

你在日常生活中是否做到与父母有礼貌地打招呼呢？

第三节　问候长辈时

问号屋

你在日常生活中是如何问候自己的长辈的?

风向标

我们要这样做

清早起床"爸妈好",
睡前"晚安"别忘了。
外出顺利道平安,
爸妈回家"辛苦了"。
进门先说"回来啦",
新年要说"新年好"。

我会唱

我爱我的家

我爱我的家
弟弟爸爸妈妈
爱是不吵架常常陪我玩耍
让爱天天住我家
没有哭泣不会惧怕
因为有爱住我们的家
让爱天天住你家
让爱天天住我家
不分日夜秋冬春夏
全心全意爱我们的家
我爱我的家
弟弟爸爸妈妈
爱是不嫉妒弟弟有啥我有啥
让爱天天住你家
让爱天天住我家
没有哭泣不会惧怕
因为有爱住我们的家
让爱天天住你家
让爱天天住我家
不分日夜秋冬春夏
全心全意爱我们的家
让爱永远住我们的家
让爱永远住我们的家

引经据典

妈妈你在哪儿,哪儿就是最快乐的地方。(英国)

互动广场

1.彤彤每次去姥姥家串门,都想着用自己的零花钱给姥姥买点喜欢吃的东西。到姥姥家后,她会很热情地向姥姥打招呼,还体贴地帮姥姥干很多力所能及的家务活。

2.亮亮也喜欢去奶奶家,可是他到奶奶家,只是简单地叫一声"爷爷、奶奶",就跑到客厅看电视,从不帮奶奶干活,也不关心他们的身体,还把垃圾扔一地。

这两位小朋友谁做得比较好?谁做得不好?我们应该向谁学习?

第四章　社会之礼

第一节　你会打电话吗？

问号屋　小朋友们，你们知道应该怎样打电话吗？

判断下面的图片对吗？如果不对，他们应该怎么做呢？

40分钟过去了……

你找谁？没在家！

这道题不会，打110问问吧！

您好，请问你找谁？

亲爱的奶奶，新年快乐！

对不起，我打错电话了。

🧭 **风向标**

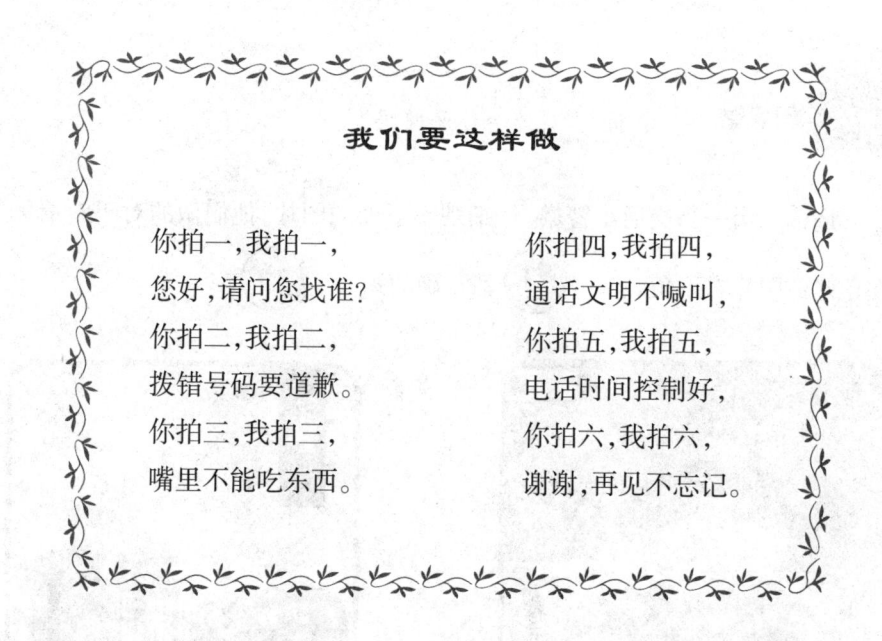

我们要这样做

你拍一,我拍一,
您好,请问您找谁?
你拍二,我拍二,
拨错号码要道歉。
你拍三,我拍三,
嘴里不能吃东西。

你拍四,我拍四,
通话文明不喊叫,
你拍五,我拍五,
电话时间控制好,
你拍六,我拍六,
谢谢,再见不忘记。

考考你

小朋友们你知道下面的电话号码吗?

紧急电话我知道

匪警 110
火警 119
急救中心 120
道路交通事故 122

第二节　文明过马路

问号屋　　小朋友们,你会过马路吗?

请你来当一当交通小警察,仔细观察下面的图片,他们做的对吗?请你在正确的图片右下角画 ☺ 不正确的画 ☹

过 马 路

每天上学我都必须过几条马路,街上汽车很多,过马路必须遵守交通规则。我每天过马路都先两边看看,然后从斑马线上走过去。我从不在街上乱跑,时刻都注意交通安全。

议一议 小朋友们,你们觉得我做的对吗?(涂一涂吧!)

对　　　　不对

我以后过马路的时候,要做到:过马路,＿＿＿＿看,走＿＿＿＿道。

27

风向标

过马路歌

排排队,过马路,

小朋友们要记住,

红灯停,绿灯行,

看看车辆再迈步。

互动广场

小朋友们你过马路的时候做得如何?给自己做个评价吧(涂星星)。

评价＼表现	用彩笔涂星星
非常满意	☆ ☆ ☆ ☆ ☆
比较满意	☆ ☆ ☆
还需努力	☆

第三节 味美，人更美

问号屋　　小朋友们，你们知道"谁知盘中餐,粒粒皆辛苦。"是什么意思吗？

仔细观察下面的图片,他们做的对吗啊？请你在正确的图片右下角画 ☺ ,不正确的画 ☹

一些学生将不爱吃的就倒掉了。

小熊嘟嘟每次吃饭前都去洗手。

小刚去饭店吃饭从不打包。

丽丽和明明坐姿端正,安静吃饭,不掉饭粒。

吃完饭后有讲究

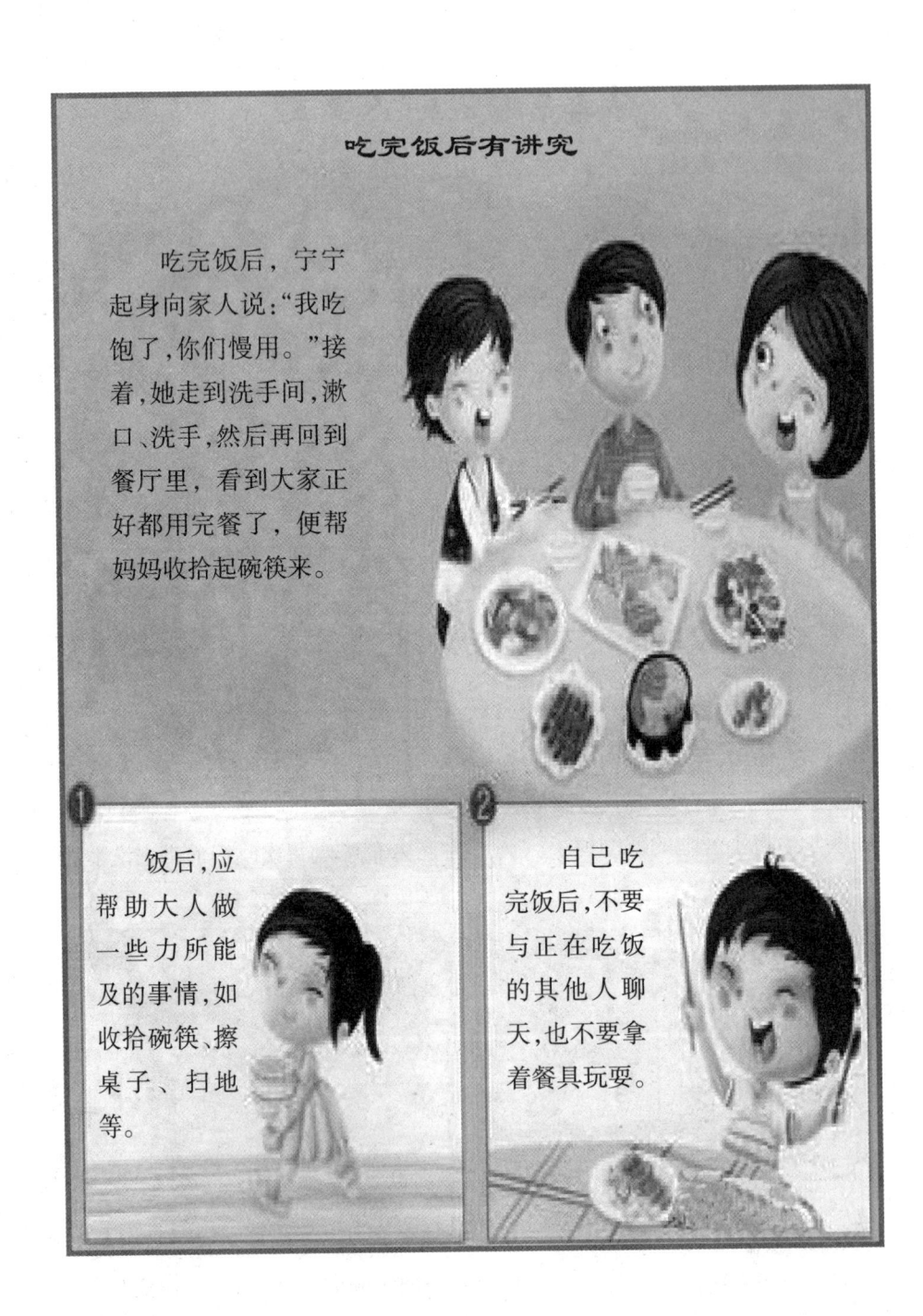

吃完饭后，宁宁起身向家人说："我吃饱了，你们慢用。"接着，她走到洗手间，漱口、洗手，然后再回到餐厅里，看到大家正好都用完餐了，便帮妈妈收拾起碗筷来。

❶ 饭后，应帮助大人做一些力所能及的事情，如收拾碗筷、擦桌子、扫地等。

❷ 自己吃完饭后，不要与正在吃饭的其他人聊天，也不要拿着餐具玩耍。

风向标

爱惜粮食

词曲：李夏禹
园岭小学 二(6)班

1=C 2/4
优美地

6· 5 | 3 5 | 6 5 | 6 — |
农　民　种　田　多　辛　苦，
6· 5 | 3 5 | 2 21 | 2 — |
我　们　上　学　他　在　田，
3· 5 | 1 6 | 5 65 | 3 — |
种　出　粮　食　不　容　易，
2· 5 | 3 1 | 6 5 | 6 — |
爱　惜　粮　食　我　做　起，
6 — | 5 — | 6 — | 6 — ||
我　　　做　　　起。

互动广场

小朋友们，你在餐桌上表现得怎么样呀？快对自己做个评价吧！（涂星星）

评价＼表现	用彩笔涂星星
非常满意	☆ ☆ ☆ ☆ ☆
比较满意	☆ ☆ ☆
还需努力	☆

第二编

第一章　同学之礼

第一节　课间活动时

问号屋

小朋友们喜欢做游戏吗？课间你和同学们都做哪些活动？要注意些什么呢？

风向标

上下楼梯不跑跳，自觉排队往右靠。
课间游戏讲文明，不说脏话不打架。
跳皮筋来唱歌谣，互相谦让有礼貌。
活动强度要适当，危险活动不提倡。
健康游戏趣味多，开开心心多快乐。

文明寄语

文明、健康的课间活动可以消除疲劳,增进友谊。为了你们的健康和快乐,同学们,学会安全游戏吧!

　　A 叮铃铃,下课了,同学们来到一片空地上玩起了"老鹰捉小鸡"。大家先选出了美美当"母鸡",让小强当"老鹰",剩下的都当"小鸡"。游戏开始了,"小鸡"们紧紧地拉住"母鸡",躲在它大大的翅膀后面。凶猛的"老鹰"向"小鸡"冲去,机灵的"母鸡"也不甘落后,张开翅膀挡住"老鹰"。老鹰左一扑,右一扑,惹得小鸡们尖叫着在鸡妈妈的身后东躲西藏,生怕被老鹰捉到了。正当大家玩得兴奋时,忽然,上课铃响了,我们都回到教室听课去了。

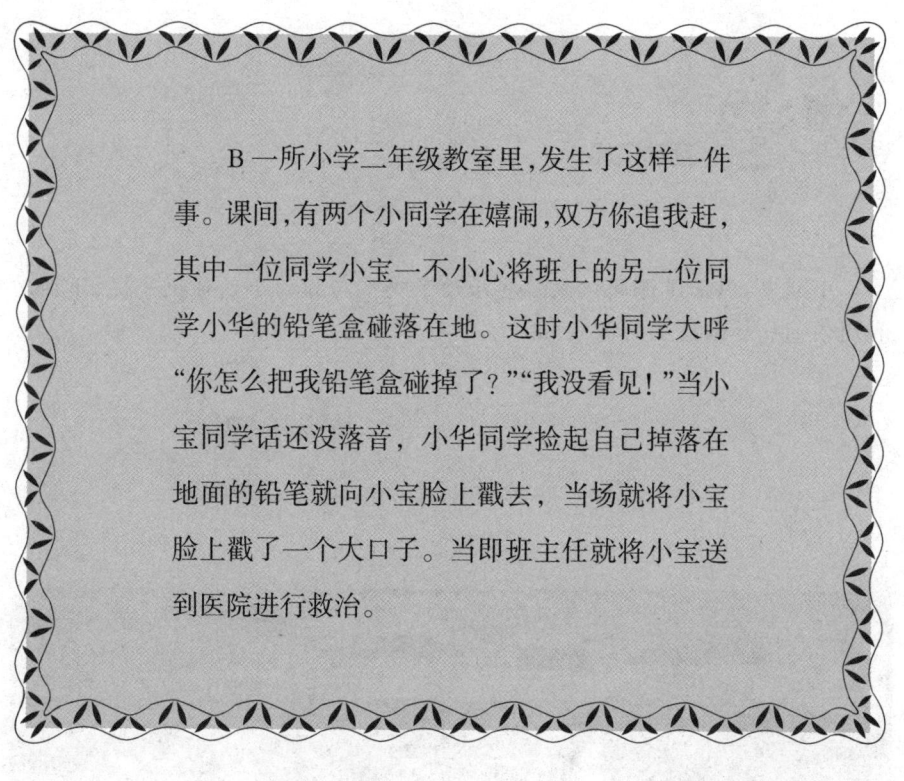

B 一所小学二年级教室里,发生了这样一件事。课间,有两个小同学在嬉闹,双方你追我赶,其中一位同学小宝一不小心将班上的另一位同学小华的铅笔盒碰落在地。这时小华同学大呼"你怎么把我铅笔盒碰掉了?""我没看见!"当小宝同学话还没落音,小华同学捡起自己掉落在地面的铅笔就向小宝脸上戳去,当场就将小宝脸上戳了一个大口子。当即班主任就将小宝送到医院进行救治。

议一议

同学们,你认为上面的两个故事中,哪个游戏是文明、健康的?谁做的不对,你想对她说些什么?

互动广场

小朋友,你知道课间该做哪些活动了吗?与你的小伙伴说一说,下课时和同学们一起做有益的游戏吧!

36

第二节　课堂相处时

问号屋

班上同学你最喜欢谁？问一问他与同学友好相处的诀窍是什么？

风向标

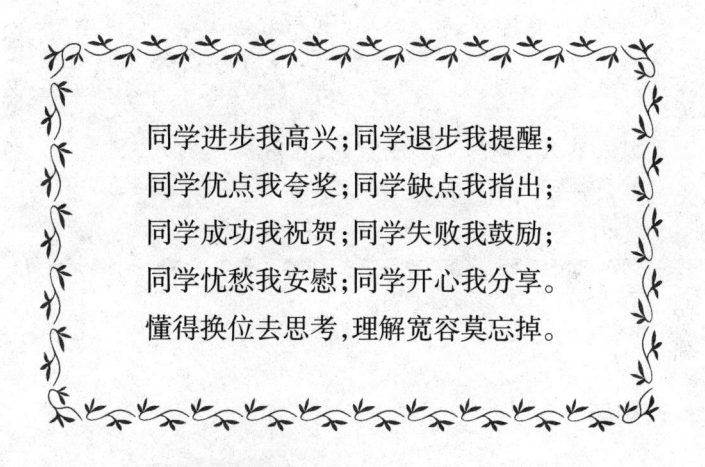

> 同学进步我高兴；同学退步我提醒；
> 同学优点我夸奖；同学缺点我指出；
> 同学成功我祝贺；同学失败我鼓励；
> 同学忧愁我安慰；同学开心我分享。
> 懂得换位去思考，理解宽容莫忘掉。

我们要做到呀！

引经据典

我还会背呢!

原文:
"己所不欲,勿施于人。"
——《论语》

译文:
自己不想做的事情,不要强加给别人。

原文:
爱人者,人恒爱之;敬人者,人恒敬之。
——《孟子·离娄下》

译文:
爱别人的人,别人也经常爱他;尊敬别人的人,别人也经常尊敬他。

故事屋

鼓励的力量

一次故事会上,一位女同学在讲《小红帽》时,因一时紧张,讲了一半讲不下去了,只见她急得脸发白,汗直流,越急越想不起来。这时,课堂上异常安静,没有一个人起哄或嘲笑,就在这时只见主持人走近她,轻轻地说道:"别慌,再想想。"并随手给她一张手纸让她擦汗,台下的同学不约而同鼓起掌来,鼓励她。在这友好的氛围中她渐渐镇静下来,终于坚持讲完了故事。

三个"好兄弟"

在很久以前,有三个人分别从不同的地方来到京城考状元。三个人觉得有缘,便结为异姓兄弟,刚开始,他们都相亲相爱,互相扶持。时间长了,这老二就开始瞎琢磨了。他正想着,恰巧碰见了大哥,便跑上前说道:"大哥呀,我真替你不甘,平时你做的事最多,他还要这样说你,哎!"大哥说:"谁?你说清楚呀。""不,不就是三弟吗。""什么?哼!"大哥边骂边走了。

这会儿老二又找到了三弟,"弟弟呀,二哥真是想不通啊,大哥仗着自己是老大,老是在背后说我们坏话,特别说你,最小,最精。""什么,我非找他去说说理。"老二说:"找他有啥用啊,哎呀,我们看错这个人了。以后小心他就是了,我们都不要理他就行。"

经过这次,大哥和三弟虽然没有说明心里的不痛快,但是心里面也有了疙瘩,总是为一些小事争执不休,最后大家不欢而散。

数年后,大家又碰到一起,大哥和三弟都已成老者,他们终于敞开心扉讲明一切,才知道其中原因,但时光已去,后悔莫及。

当然,最后悔的是老二,多年来大家的友谊变成这样,都是因为他背后说别人所造成的。

你有没有过和"老二"一样的行为?你觉得同学之间相处要注意哪些礼貌、礼仪?

第三节　需要互相帮助时

问号屋

同学有困难,你会尽力去帮助吗?帮助别人的同时,自己心灵上会得到快乐,你有过这样的感受吗?

风向标

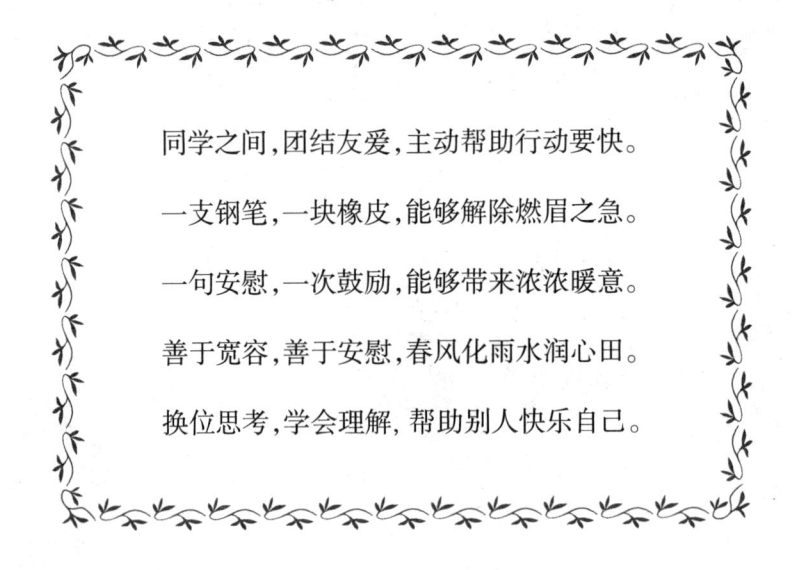

同学之间,团结友爱,主动帮助行动要快。

一支钢笔,一块橡皮,能够解除燃眉之急。

一句安慰,一次鼓励,能够带来浓浓暖意。

善于宽容,善于安慰,春风化雨水润心田。

换位思考,学会理解,帮助别人快乐自己。

故事屋

世界历史上最伟大的友谊

马克思和恩格斯的友谊是人类友谊的典范。1884年,马克思在巴黎认识了恩格斯,共同的信仰使彼此把对方看得比自己都重要。马克思长期流亡,生活很苦,常常靠典当过活,有时竟然连买邮票的钱都没有,恩格斯为了维持马克思的生活,他宁愿经营自己十分厌恶的生意,把挣来的钱源源不断地寄给马克思。马克思答应给一家英文报纸写通讯稿时,还没有精通英文,恩格斯就帮他翻译,必要时甚至代他写。恩格斯从事著述的时候,马克思也往往放下自己的工作,编写其中的某些部分。有一个时期,恩格斯生病,马克思时时挂在心上,他在给恩格斯的信中说:"我关心你的身体健康,如同自己患病一样,也许还要厉害些。"

马克思与恩格斯之间的这种崇高的友谊,正如列宁所赞扬的,它"超过了古人关于友谊的一切最动人的传说"。

引经据典

原文：
病人之病，忧人之忧。

——《策林》

译文：
把别人的缺点看成是自己的缺点，把别人的忧愁当成自己的忧愁。

问问自己

回忆一件你主动帮助同学的事情，再回忆一件同学主动帮助你的事情，仔细回味一下，当时你快乐吗？两次快乐的感觉一样吗？用最简要的话概括这两次的快乐。

第二章　师长之礼

第一节　请假之礼

🍄 问号屋

杨云是二年级的小学生,有一天她生病了需要去医院打针,但是老师并不知道这件事,她不知道如何向老师请假,你能帮帮她吗?

你会用下面的方式请假吗?会的打√。

1. 给老师打电话。
2. 给老师发短信。
3. 写假条。
4. 让家长到学校去请假。

你还知道哪些请假的方式?

风向标

小朋友要听好,请假之礼不能少。

有事情提前说,事情结束按时到。

生病了打招呼,老师担心可不好。

打电话发短信,要把事情说明了。

互动广场

如果你肚子疼,需要向老师请假,你打算怎么做?请你说一说。

先同桌之间演一演,然后再演给同学们看!

第二节　课前之礼

问号屋

1.上课了,小朋友们你们准备好了吗?

　　✦　准备好上课所用的教科书

　　✦　把文具摆放整齐

　　✦　静悄悄地坐端正

　　你做到了哪点就在前面的星星上面涂上颜色,比一比看谁得到的星星多。

说一说

下面的小朋友做的不对,你能帮帮他们吗?
(1)上课了,小米不站起来向老师问好。
(2)小红每次都在老师开始讲课后再从书包里面把文具拿出来。
(3)每次小明迟到都不敲门直接进入教室回到座位上。

风向标

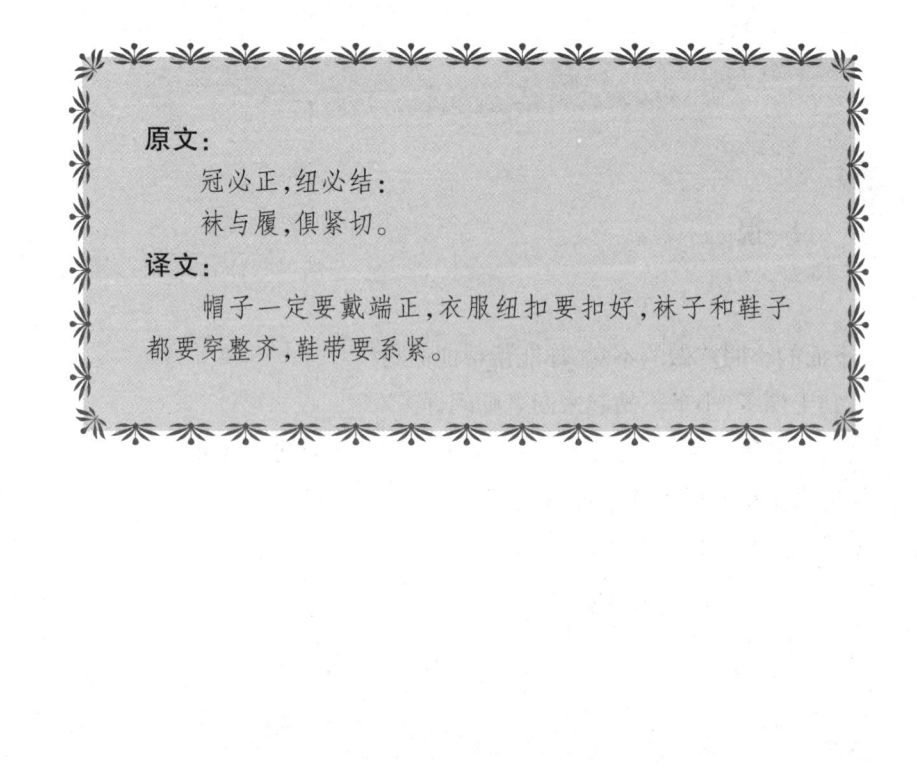

> 上课铃声响,
>
> 快快进课堂,
>
> 书本摆整齐,
>
> 坐正看前方。

引经据典

原文:
　　冠必正,纽必结;
　　袜与履,俱紧切。

译文:
　　帽子一定要戴端正,衣服纽扣要扣好,袜子和鞋子都要穿整齐,鞋带要系紧。

悄悄告诉你,制作一张课程表,课前准备会做得更好。

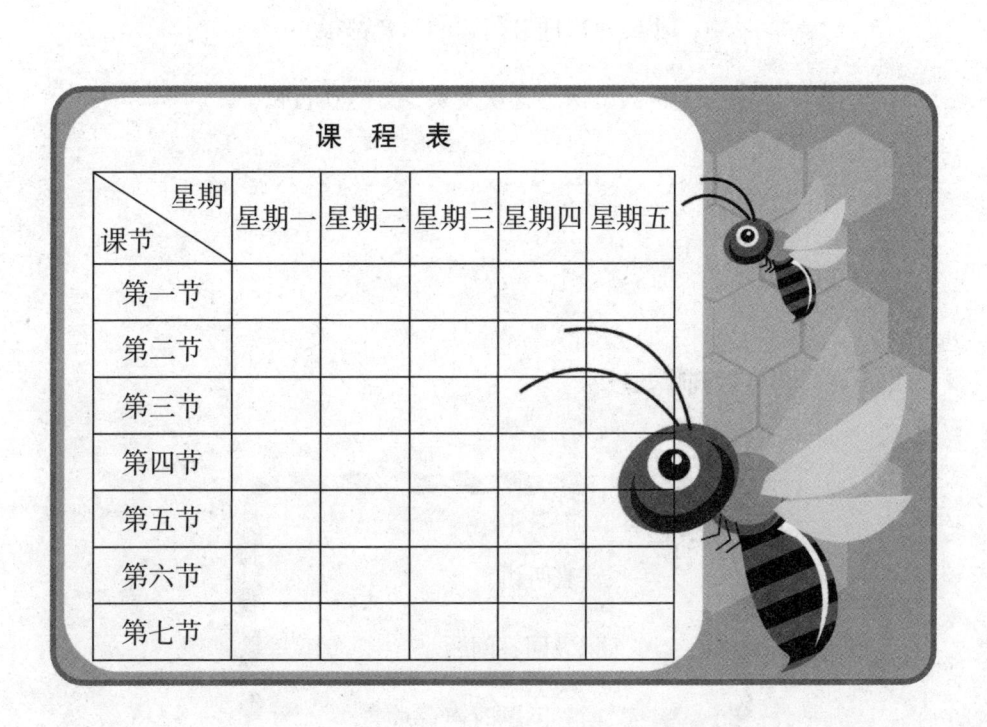

课 程 表

课节＼星期	星期一	星期二	星期三	星期四	星期五
第一节					
第二节					
第三节					
第四节					
第五节					
第六节					
第七节					

第三节　课堂之礼

问号屋

1.他们这样做对吗?

(1)上课时小刚总是与同桌说悄悄话。

(2)小红每次回答问题的声音都很小。

(3)兵兵上课总喜欢发呆,不注意听讲。

说一说

上课时你能做到哪几点?

一、认真听讲。

二、积极回答问题。

三、回答问题时声音洪亮。

四、上下课能主动问好。

引经据典

原文：
"古之圣王，未有不尊师者也。"
——吕不韦

译文：
古时候历代的圣明君主，没有一个不尊敬老师的。

故事屋

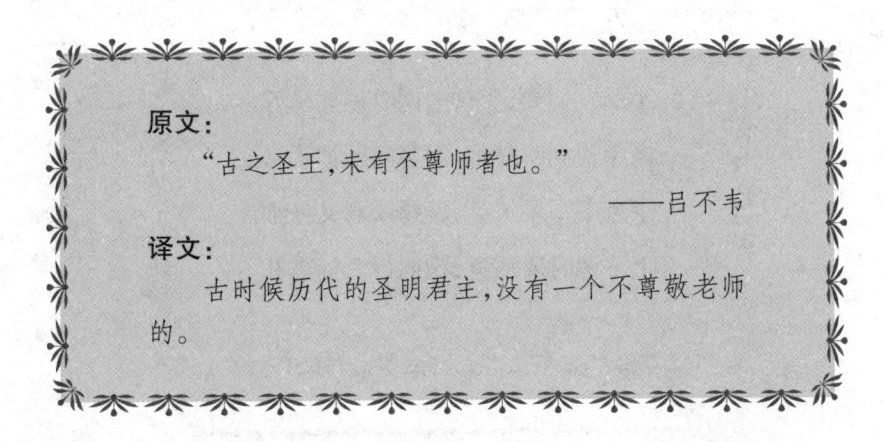

礼仪之星

飞飞和丁丁都是二年级的小学生了，飞飞上课时认真听讲，积极回答问题，丁丁上课时总喜欢在书桌下面做小动作，而且回答问题时从不举手，想说就说。到了选礼仪之星的时候，丁丁总是选不上。丁丁很着急，就去问老师，老师告诉他："只有遵守课堂纪律、尊敬老师的人才能被选上。"从那以后丁丁上课再也不做小动作，回答问题时也举手了，很快丁丁也被评上了礼仪之星。

小朋友们看了这个故事你想说点什么？你打算向丁丁和飞飞学点什么？

风向标

小朋友们要记牢,上课时候要坐好。

老师提问听仔细,回答问题把手举。

字迹书写要工整,做题认真又仔细。

上下课时要注意,鞠躬行个标准礼。

互动广场

和同桌说一说,你在上课的时候是如何表现的?

第三章 孝亲之礼

第一节 起居之礼

问号屋

家是一个温暖的、充满爱的地方。面对我们最爱的亲人,礼仪也是很重要的。起居之礼是指起床、睡觉、居住时的礼节。对于这些礼仪你有哪些了解呢?

风向标

起居好习惯

1. 要养成每天按时睡觉的习惯。
2. 要养成独自睡觉习惯。
3. 如果睡不着,也不要影响家人的休息,动作一定要慢、轻。
4. 如果大人需要早休息,不要纠缠他们陪伴自己。
5. 要养成按时起床的习惯,即使在寒冷的冬天也不要留恋被窝。
6. 穿衣动作要迅速,有条理。
7. 起床后要自觉主动叠好被子。
8. 如果父母或家人还没有起床,要轻手轻脚,不要打扰他们。
9. 如果父母或家人已经起床,要主动向他们问"早安"。
10. 尽自己的所能协助准备早餐。

故事屋

懂礼貌的小华

"叮铃铃",清脆的铃声打破了黎明的寂静。小华一骨碌起了床,拉开窗帘一看,啊,好一个明亮的世界呀!小鸟在枝头欢快地歌唱。他迅速穿好衣服,看见妈妈在做早饭,爸爸在洗脸,小华向爸爸妈妈问了声"早上好!"洗漱完毕,吃过早饭,对爸爸妈妈说了声"再见",就去上学了。

小华在学校度过了愉快的一天。下午放学回到家,他用钥匙开了门,发现爸爸、妈妈不在家,桌上有一张纸条,上面写着:小华,奶奶得了重感冒,我们陪她去医院了,一会儿就回来。

不一会儿,门铃响了,爸爸、妈妈带着奶奶回来了,小华赶快过去搀扶奶奶,关切地问道:"奶奶,您好点儿吗?您先在床上躺一会儿,我去给您倒杯水。"奶奶微笑着夸奖小华:"真是个懂事的好孩子。"

吃中饭了,小华主动地帮着盛饭,端菜,啊!今天有糖醋排骨,这可是小华最爱吃的菜了,他把这盘菜端到了爸爸跟前,爸爸说:"这是专门为你做的。"小华说:"您是长辈,该您先吃。"爸爸高兴地笑了。妈妈不停地往小华碗中夹排骨,小华说:"妈妈,老师说,素菜中含有丰富的维生素,吃了有利于健康,而且吃饭时要细嚼慢咽。"妈妈听了,对爸爸说:"咱家的小华懂的真是越来越多了。"

晚上,小华和爸爸妈妈道了晚安,躺在床上,不一会儿就进入了甜美的梦乡。

引经据典

原文：

慎，朝夕伺候莫厌烦。

——《劝报亲恩篇》

译文：

父母出入(门)要小心搀扶，早晚伺候父母不要厌烦。

互动广场

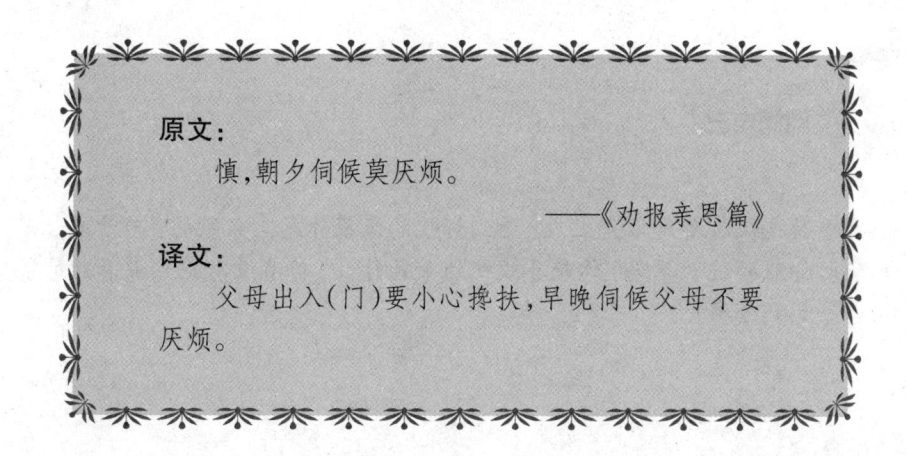

了解了上面的知识后，相信你一定对起居礼仪有了一定的了解。那就和你的伙伴一起选择一个情景来表演一下吧！

A：早晨起床后，发现爸爸妈妈还没有起床，你会……

B：放学回到家，发现家里来了客人，正和爸爸谈论着工作上的事情。你会……

第二节　餐桌之礼

问问自己

平时吃饭时都是谁先上桌？遇到好吃的饭菜你是怎么做的？与亲戚长辈用餐时你照顾过长辈吗？你最喜欢吃的菜是什么？你有没有把你最喜欢的菜与爸爸妈妈分享？

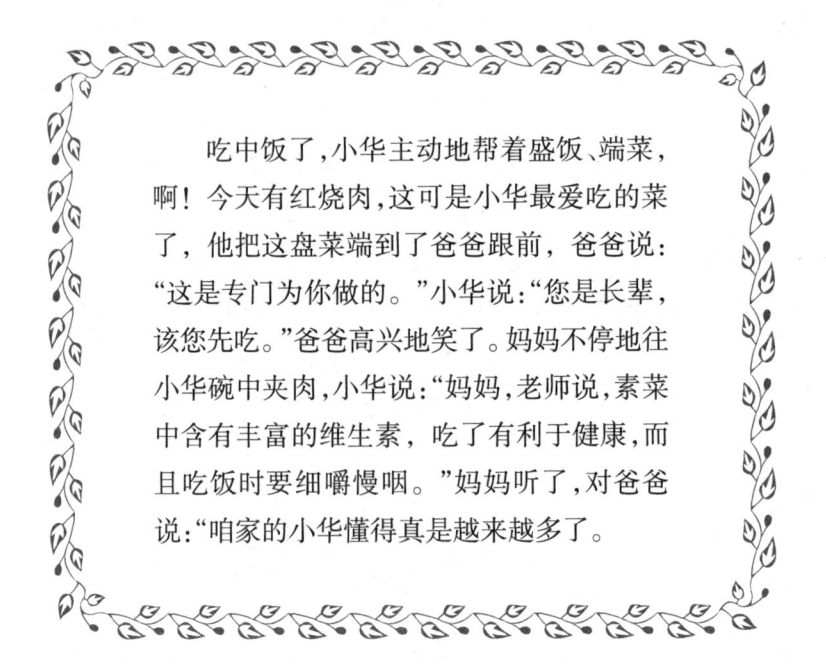

故事屋

吃中饭了，小华主动地帮着盛饭、端菜，啊！今天有红烧肉，这可是小华最爱吃的菜了，他把这盘菜端到了爸爸跟前，爸爸说："这是专门为你做的。"小华说："您是长辈，该您先吃。"爸爸高兴地笑了。妈妈不停地往小华碗中夹肉，小华说："妈妈，老师说，素菜中含有丰富的维生素，吃了有利于健康，而且吃饭时要细嚼慢咽。"妈妈听了，对爸爸说："咱家的小华懂得真是越来越多了。"

问号屋

1.在生活中,我们与父母用餐时,通常是怎么做的?选择其中的一项打"√"

我先上桌(　　);与父母一同坐下(　　)。

2.用餐时,通常都是我喜欢的菜:

放在我面前(　　);

放在中间大家一起享用(　　)。

3.餐具都由:

我摆放(　　);父母或亲人摆放(　　)。

4.与长辈用餐时:

好吃的我先尝(　　);

与长辈同分享(　　)。

5.自己添饭或父母长辈添饭时:

我主动帮忙(　　);

由父母或长辈帮忙(　　)。

拓展营地

在用餐时还有哪些方面可以表现出你孝亲敬长？

风向标

1. 就餐先请长辈入座自己再入座。
2. 大家起筷时才能动筷。
3. 有好吃的菜,要大家分享。不要把自己喜欢吃的菜拉到面前。
4. 主动给长辈盛饭敬菜。
5. 用餐后主动帮助家长收拾碗筷,清洗碗筷。

第三节 拜年之礼

问号屋

同学们,我们每天与父母生活在一起,你每次过年时会做些什么呢?你会给他们拜年吗?

风向标

> 新年到,新年到,
> 敲锣打鼓真热闹,
> 我们来给您们拜年,
> 爸爸妈妈新年好,
> 祝您们天天身体好,
> 祝您们天天工作好,
> 祝您们天天哈哈笑,
> 哈哈笑!

问问自己

你在大年初一你怎样给父母拜年的呢?是为了要红包吗?你的红包都干什么了呢?

引经据典

> 互相赠送礼物的家庭习惯有助于增进父母与孩子之间诚挚的友谊。其主要意义并不在于礼物的本身,而在于对亲人的关心,在于希望感谢亲人的关心。
>
> ——伊林娜

互动广场

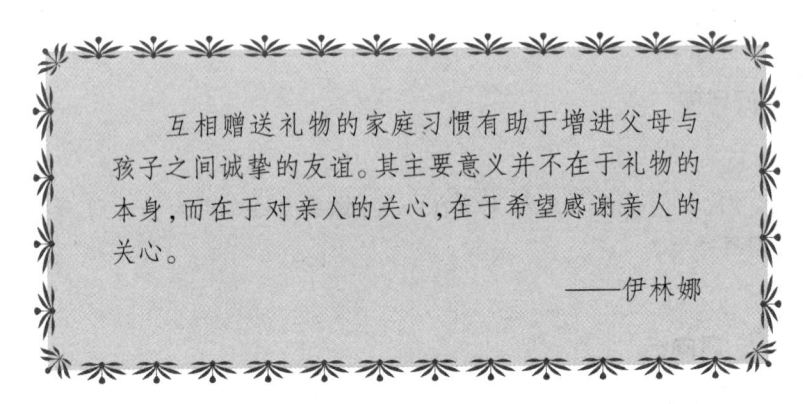

同学们,下面的情景在你的日常生活中是否出现过呢?谈谈自己的看法。

(1)小丽是个电视迷,最近特别喜欢美羊羊,就等着过年妈妈给红包,然后去买自己喜欢的玩具呢。

(2)烽喃是个喜欢音乐的孩子,他准备过年时,为了给父母一个惊喜,暗地里学唱《懂你》。

拓展营地

明年过年你准备给父母怎样拜年呢?和小伙伴说一说。

第四章　社会之礼

第一节　文明小乘客

问号屋　亲爱的小朋友们,你知道乘车的时候需要注意什么吗?

仔细观察下面的图片,他们做的对吗啊?请你在正确的图片右下角画 ☺ ,不正确的画 ☹

故事屋

文明礼让你真棒

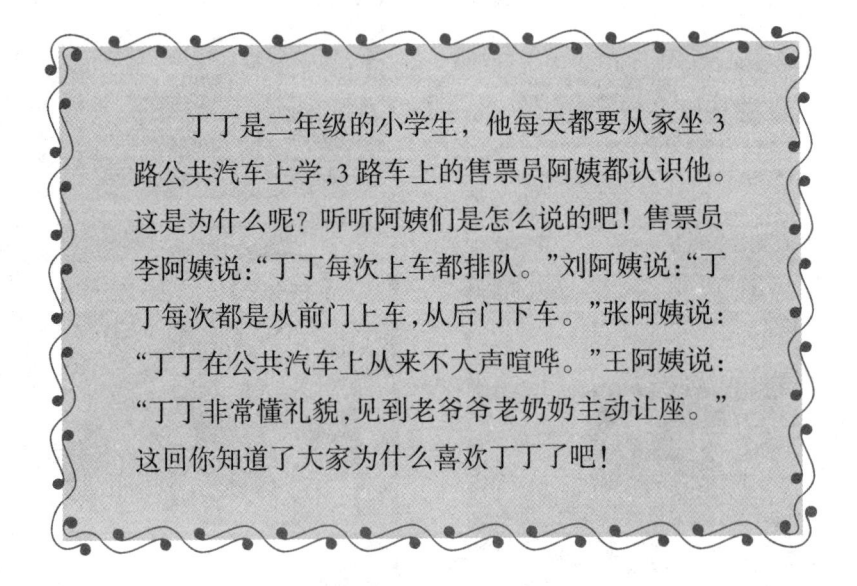

丁丁是二年级的小学生，他每天都要从家坐3路公共汽车上学，3路车上的售票员阿姨都认识他。这是为什么呢？听听阿姨们是怎么说的吧！售票员李阿姨说："丁丁每次上车都排队。"刘阿姨说："丁丁每次都是从前门上车，从后门下车。"张阿姨说："丁丁在公共汽车上从来不大声喧哗。"王阿姨说："丁丁非常懂礼貌，见到老爷爷老奶奶主动让座。"这回你知道了大家为什么喜欢丁丁了吧！

说一说

亲爱的小朋友,请你来说一说,乘车时我们应该怎么做?

风向标

拍 手 歌

你拍一,我拍一,
安全乘车要注意。
你拍二,我拍二,
上车不能打瞌睡。
你拍三,我拍三,
先上后下有次序。
你拍四,我拍四,
让座老人和孕妇。
你拍五,我拍五,
安全乘车要牢记。

互动广场

小朋友们你乘车的时候做得如何？给自己做个评价吧(涂星星)。

评价＼表现	用彩笔涂星星
非常满意	☆ ☆ ☆ ☆ ☆
比较满意	☆ ☆ ☆
还需努力	☆

第二节　遵守秩序人人夸

问号屋

同学们，你们知道什么时候需要排队吗？先看看下面两幅图吧！

小朋友们排队参观科普展台　　　　小朋友们排队走出动物园

看看下面哪些场合需要排队呢？（涂一涂）

- 乘车的时候
- 在火车站买票时候
- 在书店买书付款的时候
- 进入电影院的时候
- 去银行存钱的时候
- 在 KFC 点餐的时候

故事屋

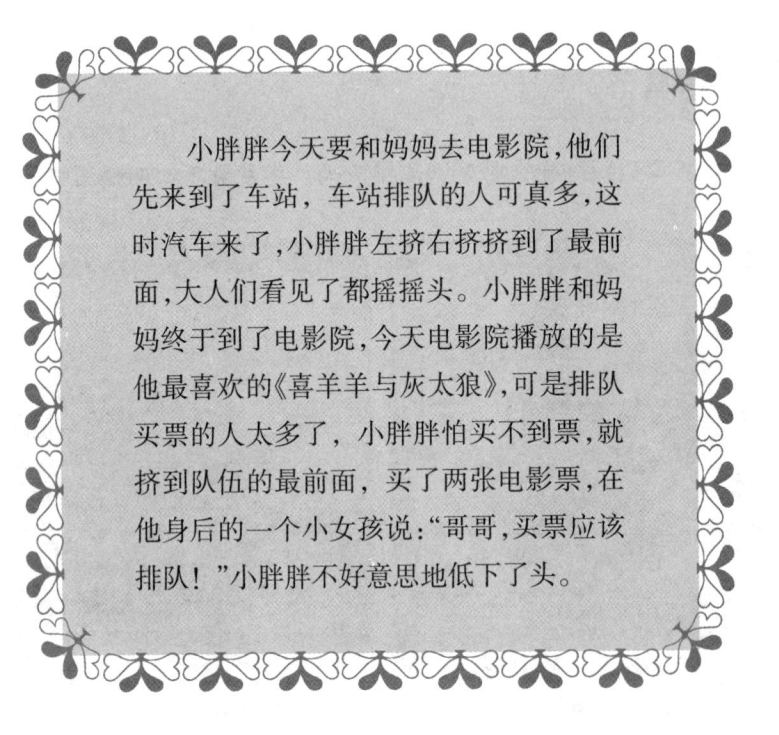

　　小胖胖今天要和妈妈去电影院,他们先来到了车站,车站排队的人可真多,这时汽车来了,小胖胖左挤右挤挤到了最前面,大人们看见了都摇摇头。小胖胖和妈妈终于到了电影院,今天电影院播放的是他最喜欢的《喜羊羊与灰太狼》,可是排队买票的人太多了,小胖胖怕买不到票,就挤到队伍的最前面,买了两张电影票,在他身后的一个小女孩说:"哥哥,买票应该排队!"小胖胖不好意思地低下了头。

想一想

小胖胖为什么低下了头?你猜猜他是怎么想的?

我以后买电影票的时候要＿＿＿＿＿＿＿＿＿＿＿＿

> 风向标

排 队 歌

小朋友把手拍,今天说什么你来猜。
乘车购物买票时,千万记得把队排。
对! 千万记得把队排。
爱插队,爱乱挤,这样的人招人烦。
叔叔阿姨看见了,眉毛紧紧锁起来。
对! 眉毛紧紧锁起来。
我们都是好少年,排队之礼应当先。
对! 排队之礼应当先。

65

第三节　争做环保小卫士

问号屋　　小朋友们，你们知道垃圾应该扔到哪里吗？

让我们看看下面这幅连环画吧！

不乱扔垃圾

浏览顺序 1 2 3 4

不能乱扔垃圾，破坏卫生环境。

嗯啊！

谁乱扔西瓜皮呀？！

仔细观察下面的图片，他们做的对吗啊？请你在正确的图片右下角画 ☺ ，不正确的画 ☹

故事屋

小　幽　默

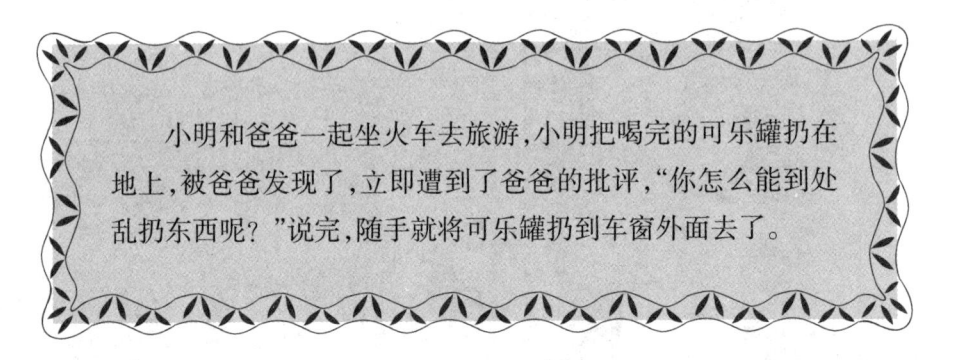

小明和爸爸一起坐火车去旅游,小明把喝完的可乐罐扔在地上,被爸爸发现了,立即遭到了爸爸的批评,"你怎么能到处乱扔东西呢?"说完,随手就将可乐罐扔到车窗外面去了。

考考你

你觉得小明的爸爸做得对吗?

对　　　　　　　　不对

风向标

你拍一,我拍一,不要随手丢垃圾。
你拍二,我拍二,尽量少用塑料袋儿。
你拍三,我拍三,废旧电池要回收。
你拍四,我拍四,节约能源要牢记。
你拍五,我拍五,垃圾分类靠大家。

互动广场

小朋友们,你们能做到吗?给相应的"☆"填上红色。

评价＼项目	能做到	基本做到	还需努力
从不乱倒垃圾	☆	☆	☆
垃圾分类处理	☆	☆	☆

69

第三编

第一章　同学之礼

第一节　借还物品时

问号屋

你有没有过向同学借东西却没有借到的经历？你知不知道问题出现在哪里了呢？

风向标

你拍一,我拍一,我们向人借东西；
你拍二,我拍二,语气谦和应入耳；
你拍三,我拍三,借物名称说在前；
你拍四,我拍四,归还期限要提示；
你拍五,我拍五,借了东西应爱护；
你拍六,我拍六,用完之后不乱丢；
你拍七,我拍七,及时归还莫忘记；
你拍八,我拍八,还时说谢人人夸；
你拍九,我拍九,借物还物有讲究；
你拍十,我拍十,学会礼仪长知识。

引经据典

原文：
　　用人物　须明求　倘不问　即为偷
　　借人物　及时还　后有急　借不难

——《弟子规》

译文：
　　要拿别人的东西时，要先跟别人说，如果没跟主人说就拿，就是偷东西。借别人的东西，要在约定的时间还；以后再借人家东西，人家才会借给你。

原文：
　　余幼时即嗜学，家贫，无以致书以观，每假借于藏书之家，手自笔录，计日以还。天大寒，砚冰坚，手指不可屈伸，弗之怠。录毕，走送之，不敢稍逾约。以是人多以书假余，余因得遍观群书。

译文：
　　我小时候就非常好学，但因家中贫穷，没钱来买书看，因此常常向有书的人家借书看，并亲自抄录，按预定的日期归还。天气寒冷时，砚台上的墨水都冻成坚实的冰了，手指冻僵了，屈伸很不灵便，但抄录从不怠慢。抄录完了，急忙把书送还，一点也不敢超过预定的日期。所以人家都愿意把书借给我，我因此能够读到大量的书。

互动广场

　　今天小刚找到遥遥，大声吼道："喂，把你的书给我。"遥遥充耳不闻："哼！这么霸道，我才不会把书借给你呢！"两人开始抢起书来，完全忘了其他同学在安安静静地读书。结果书被撕坏了。

　　讨论一下：你的班级有这种现象吗？这样做对吗？

　　你平时是怎样向别人借东西的？你会怎样对待借来的东西？

第二节　发生误会时

问问自己

误会产生的原因多种多样,有时是因为别人无意的行为,我们却把它当成了有意;有时是因为自己或他人的偏见;有时则是因为自己或对方听信他人搬弄是非造成的。同学间要是发生误会,我们该怎么办呢?

风向标

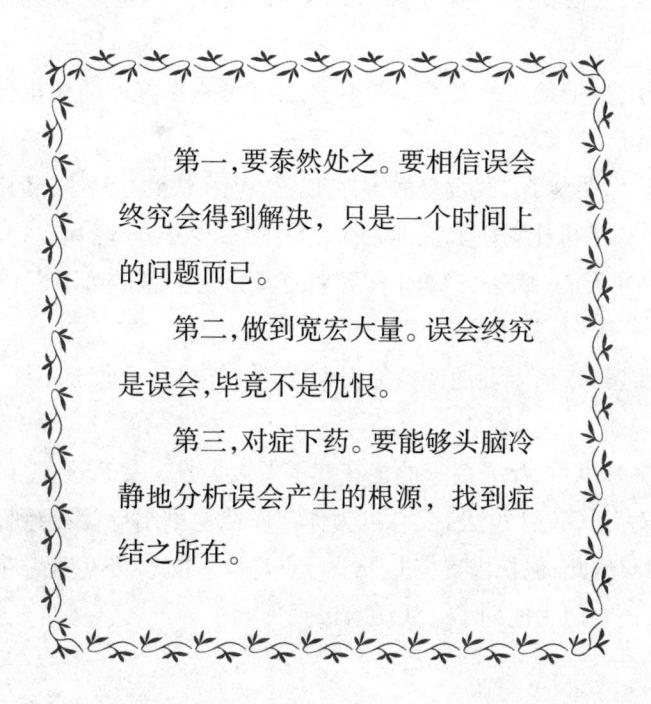

第一,要泰然处之。要相信误会终究会得到解决,只是一个时间上的问题而已。

第二,做到宽宏大量。误会终究是误会,毕竟不是仇恨。

第三,对症下药。要能够头脑冷静地分析误会产生的根源,找到症结之所在。

故事屋

阿爸误会了

三百六十年前，我国出现了农业科学著作《农政全书》，是明末杰出的科学家徐光启所著的。

徐光启从小就热爱农业科学。金黄的稻谷，雪白的棉花，油绿的蔬菜，都对他有着特殊的诱惑力。有一天清早，他钻进屋后的棉田里，一待就是大半天。徐光启的父亲心急如焚，村里村外找了好久，才在棉田里发现了儿子。

"你在这儿干什么？"父亲没好气地问。

"我在收拾棉花呢！"徐光启一边回答，一边伸手掐断一棵棉花尖顶上的嫩芽。

这下子，更把父亲惹火了："混小子，你竟敢祸害好好的棉花！"说着，就要动手打光启。

"阿爸，你误会了。我没有祸害棉花。""现在快到立秋了，新枝上是结不出蕾铃的。如果再让它往上长，那要白白耗费多少养分呀！所以，我有意把新枝顶上的'冲天心'摘去，这样，省下来的养分就可以供给下面快成熟的蕾铃，蕾铃长得大，收获才多呀！"

父亲听罢，半信半疑地说："你先别嘴硬。如果秋后收成不好，我决不饶你！"

三个多月以后，徐光启家的棉花获得了大丰收。父亲这才自知理亏，感慨万千地对儿子说："过去，我总以为你在庄稼地里闲玩，没想到，你是在钻研学问哪！"从此，他积极支持儿子学习农业科学技术，不但经常带着徐光启下田干活，还专门为他划了一块试验田呢！

知识窗

下面几种对待委屈的方法,和你平常做法一致的请打上"√"。

1.因为别人误会而使我受到委屈时,我常常怒气冲冲地与人争辩。(　　)

2.谁也不能让我受委屈,谁让我受委屈,我跟他没完。(　　)

3.我受委屈时,总是独自一人躲在角落哭泣、叹息。(　　)

4.我受委屈时,总是想办法忘掉它,把注意力转移到别处去。(　　)

5.我觉得受点委屈没什么,每个人都会受委屈。(　　)

6.我受了委屈后,总是想向最好的朋友倾诉。(　　)

7.我受了点委屈后,从不告诉别人,一个人默默承受,很长一段时间都不开心。(　　)

互动广场

今天上午英语课后,科任老师和同学都向班主任反映,有同学不守纪律。中午,老师严厉地批评了一个同学。这个同学觉得非常委屈,因为他觉得上英语课不守纪律的人何止他一个,老师为何偏偏只跟他过不去,只批评他一个人呢?你怎样看待这件事?

第三节 纠正错误时

问号屋

"人非圣贤,孰能无过?"是什么意思?

风向标

犯了错误不要紧,

别人指出错误时,

虚心接受要诚恳,

承认错误并改正,

主动道歉补过失,

记住教训不重犯,

才是勇敢好孩子。

故事屋

一 封 信

　　林肯在一个报纸上,看到一个人的错误言论,很是气愤,所以就对这个人进行反驳、攻击甚至侮骂,写在一封信上,"放"在了这个人能够注意的地方。当这个人看到时,更加生气,便找到了林肯,要求与其决斗。决斗当天,要不是有另外一个人的干涉,后果是不敢想像的,后来他也很害怕。从那以后,林肯对待别人的错误的看法,就有所改变了。

　　林肯就任总统时,正值美国南北战争,这时基本胜负已分了,只要前方的军队乘胜追击的话,这场战争就结束了。可是当时负责的军官却没有执行林肯的命令,而是眼看着敌人逃走。林肯得知后很是生气,并写了一封很严厉的信,可是在这封信写好后,林肯却没有把信发出去,而是放在抽屉里,因为他想的是,如果换做是我,在那样的环境,那么恶劣的战斗之后,将士们的心情,也许也会做出同样的决定吧。

　　这封信是在整理林肯遗物的时候找到的。

引经据典

> 责人之心责己，恕己之心恕人。
> ——《增广贤文》

原文：

陈司败问："昭公知礼乎？"孔子曰："知礼。"孔子退，揖巫马期而进之，曰："吾闻君子不党，君子亦党乎？君取于吴为同姓，谓之吴孟子。君而知礼，孰不知礼？"巫马期以告。子曰："丘也幸，苟有过，人必知之。"

——《论语》

译文：

陈司败问孔子，鲁昭公懂得礼节吗？孔子说："懂得礼节。"孔子出来后，陈司败向巫马期行了个作揖礼请他走上前来，说道："我听说君子无所偏袒，难道像孔子这样的君子也竟然有所偏袒吗？鲁君娶了吴国的女子做夫人，吴国和鲁国是同姓，便把她叫作吴孟子。鲁君如果懂得礼节，那还有谁不懂得礼节呢？"巫马期把陈司败的话告诉了孔子，孔子说："我真幸运，假若有错误，人家一定会知道的。"

这里，我们要知道，孔子认为的礼，其中有一条，就是子为父讳，臣为君讳。这里就是臣为君讳。孔子是故意如此。巫马期把陈司败的批评告诉孔子，孔子也承认，陈司败的批评是对的，自己的话有错误。但在公开场合，他必须这么讲。这是揣着明白装糊涂。

问问自己

平时你是怎样对待别人的批评的？以后准备怎么做？你确信自己真的能做到吗？

第二章 师长之礼

第一节 礼让之礼

问号屋

下课了,你和老师都要走出教室,你该怎样做才是一个懂得礼让的好孩子?还有哪些时候要礼让老师?

故事屋

尊敬师长的张丽

张丽是三年一班的学生。她不仅学习成绩优秀,而且是一名非常谦让的好孩子。有一次上体育课,她与体育老师一起来到教学楼门前,张丽主动把门打开,并让老师先进。体育老师冲她点头微笑。还有一次张丽坐车去上学,半路上看到李老师上车了。她主动站起来,把座位让给李老师。每次打水的时候,张丽总是让老师先打。走路时候也是让老师先行。大家都夸她是个懂得礼让的好学生。

风向标

小朋友要听好,礼让之礼不能少。

下课时,要礼让,老师先走你后走。

楼梯间要礼让,先让老师把事忙。

出门上车要礼让,遇到老师把坐让。

尊敬老师人人夸,夸我是个好娃娃。

引经据典

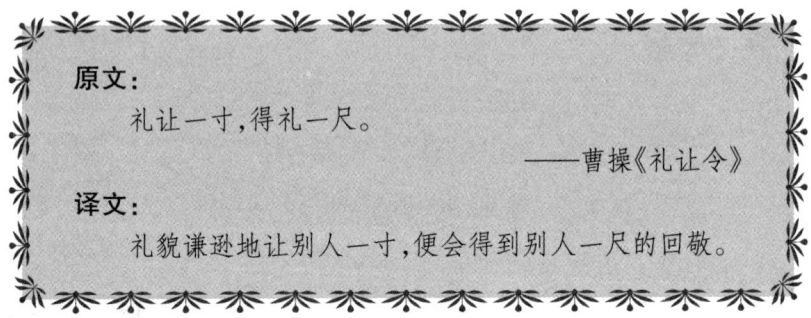

原文:

礼让一寸,得礼一尺。

——曹操《礼让令》

译文:

礼貌谦逊地让别人一寸,便会得到别人一尺的回敬。

互动广场

选择一种情境,和你的同桌演一演。

1.乘公共汽车时,遇到了老师。

2.下课了,在操场上碰到老师。

3.走廊里遇到了老师。

4.放学时,与老师一同走出校门。

第二节　进办公室之礼

故事屋

程门立雪

我国宋代有位学者叫杨时,一天,他和另一位学者游酢(zuò)冒着严寒去向老师程颐(yí)求教。到了那里,见老师坐在堂上睡着了。为了不打扰老师,他们恭恭敬敬地站在门外等着。过了很久,老师醒来看见杨时和游酢正静悄悄、毕恭毕敬地侍立在外面,连忙说:"你们二位有什么事?快请进来吧!"他们这才进门。此时,门外漫天大雪,地上积雪已有一尺多厚,杨时、游酢全身都白了。从此,"程门立雪"就成为尊敬老师的一个故事而流传了下来。

风向标

应该这样做

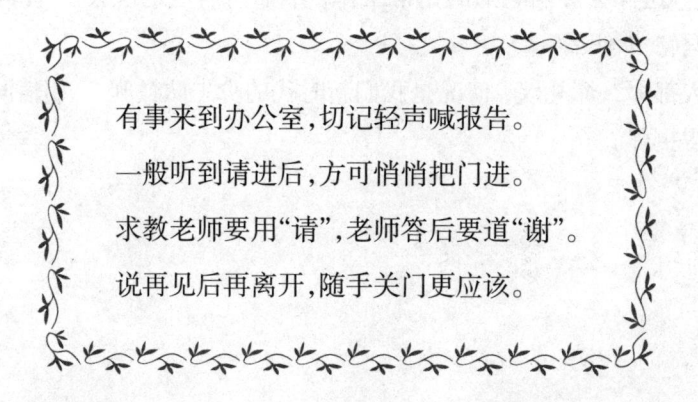

有事来到办公室,切记轻声喊报告。
一般听到请进后,方可悄悄把门进。
求教老师要用"请",老师答后要道"谢"。
说再见后再离开,随手关门更应该。

引经据典

原文：

"将入门,问孰存,将上堂,声必扬,人问谁,对以名,吾与我,不分明。"

——《弟子归》

译文：

将要入门之前先问一下：有人在吗？将要走进厅堂时,先放大音量,要让厅堂里的人知道。假使有人请问：你是谁？回答时要说出自己的名字。如果只是说："我"对方就听不清楚到底是谁？

互动广场

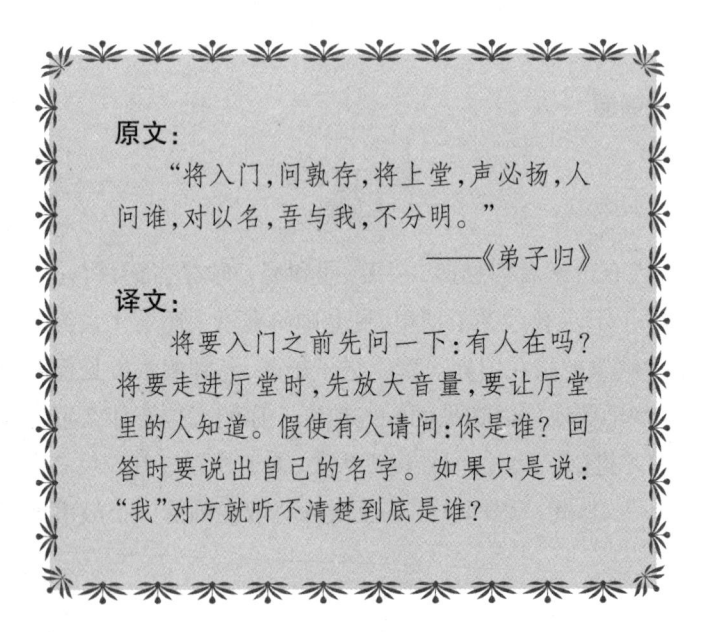

有同学认为，如果每个要进办公室的同学都进行报告，那老师每次都得回答。这样会影响老师的正常工作，不如悄悄地走进去。你同意这样的看法吗？为什么？

古人都那么懂礼仪，何况是我们新时代的少先队员呢？相信同学们一定会做得更好。

第三节　珍惜老师的劳动

问号屋

小雅是个品学兼优的孩子,课堂上认真听讲,积极思考,每天都能按时完成老师布置的各项作业,她认为尊敬老师就要珍惜老师的劳动成果,你认为她说得对吗?

请你和同桌说一说:怎样做才是珍惜老师的劳动成果热爱老师呢?

风向标

老师成果要爱惜。

上课认真把课听。

按时来把作业写。

参与活动要积极。

爱惜劳动要坚持。

尊敬师长人人夸。

金玉良言

　　一谈起老师,我们难免会说:"迷惘彷徨时,你是航标灯,指引我们前进的方向;遭受挫折时,你是避风港,抚慰我们心灵的创伤;失意颓废时,你是策马鞭,激发我们奋进的勇气;得意忘形时,你是清醒剂,驱除我们思想的迷障。"是老师把一个个无知的学生培养成了一个个有知识有教养的人。作为学生一定要学会知恩感恩,在学习生活中把老师父母般的关怀具体到主动发放作业本、认真做好每一次值日,尤其要刻苦学习,以优异的成绩回报老师的辛勤付出。

大家一起来

　　小朋友你会唱《每当我走过老师窗前》这首歌吗?
　　老师每天给我们上课也是一种辛苦的劳动,那么就请我们把这首《每当我走过老师窗前》献给我们最亲爱的老师吧!

🎵 **我会唱**

每当走过老师窗前

每当走过老师窗前,
静静的深夜群星在闪耀,
老师的房间彻夜明亮。
每当我轻轻走过您窗前,
明亮的灯光照耀我心房。
培育新一代辛勤的园丁,
今天深夜啊灯光仍在亮。
呕心沥血您在写教材,
高大的身影映在您窗上。
新长征路上老师立功,
一群群接班人茁壮成长。
肩负祖国希望奔向四方,
您总是含泪深情凝望。
啊,每当想起你您,
敬爱的好老师,
一阵阵暖流心中激荡。

第三章 孝亲之礼

第一节 了解父母

问号屋

你了解爸爸妈妈吗?

1.爸爸的工作是(　　　　　),爸爸喜欢(　　　　　),爸爸的生日是(　　)月(　　)日。

2.妈妈的工作是(　　　　　),妈妈喜欢(　　　　　),妈妈的生日是(　　)月(　　)日。

3.最让爸爸、妈妈高兴的事是(　　　　　　)。

4.最让爸爸、妈妈生气的事是(　　　　　　)。

5.最让爸爸、妈妈操心的事是(　　　　　　)。

风向标

家人生日要记住,

送上自制小礼物,

为他们把生日祝。

母亲节,父亲节,

还有九九重阳节,

敬爱长辈心真切。

故事屋

孝顺的子路

子路,春秋末鲁国人。在孔子的弟子中以政事著称,尤其以勇敢闻名。但子路小的时候家里很穷,长年靠吃粗粮野菜等度日。

有一次,年老的父母想吃米饭,可是家里一点米也没有,怎么办?子路想到要是翻过几道山到亲戚家借点米,不就可以满足父母的这点要求了吗?

于是,小小的子路翻山越岭走了十几里路,从亲戚家背回了一小袋米,看到父母吃上了香喷喷的米饭,子路忘记了疲劳。邻居们都夸子路是一个勇敢孝顺的好孩子。

引经据典

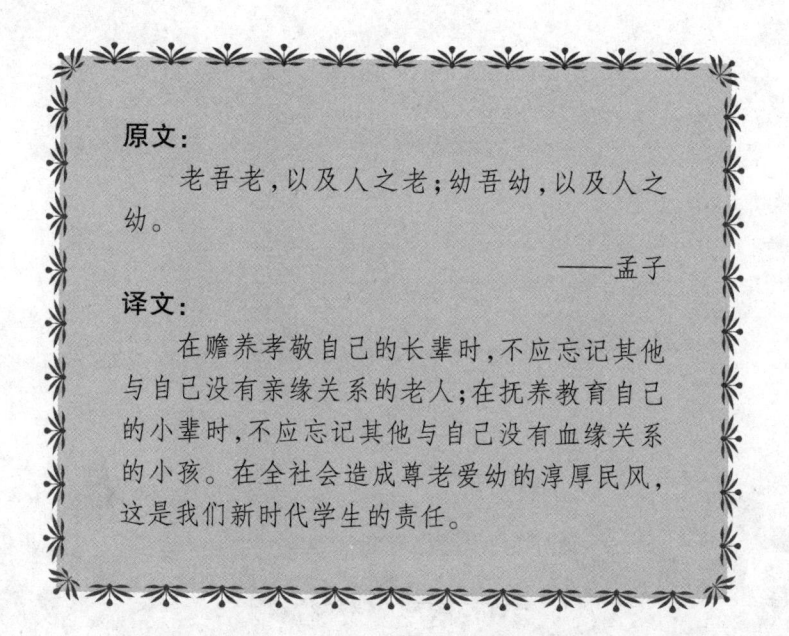

原文:
　老吾老,以及人之老;幼吾幼,以及人之幼。

　　　　　　　　——孟子

译文:
　在赡养孝敬自己的长辈时,不应忘记其他与自己没有亲缘关系的老人;在抚养教育自己的小辈时,不应忘记其他与自己没有血缘关系的小孩。在全社会造成尊老爱幼的淳厚民风,这是我们新时代学生的责任。

互动广场

想一想,如果这样做,爸爸妈妈会是怎样的心情?

(1)爸爸妈妈下班回到家,你递上茶。

(2)你把整齐的房间弄得乱七八糟。

(3)妈妈出差在外,你给妈妈打电话问候她,并汇报自己的学习生活情况。

(4)你放学后迟迟没有回家,爸爸妈妈不知道你在哪里。

第二节　疼惜父母

问号屋

父母作息时间表

时间	要做哪些事情

通过上面的表格你觉得父母辛苦吗？我们可以通过哪些表现使父母感到快乐？

引经据典

原文：
　　弟子入则孝，出则弟。
　　　　——出自(春秋)《论语·学而第一》。

译文：
　　少年弟子回到家里要孝敬父母，外出要敬爱兄长。

故事屋

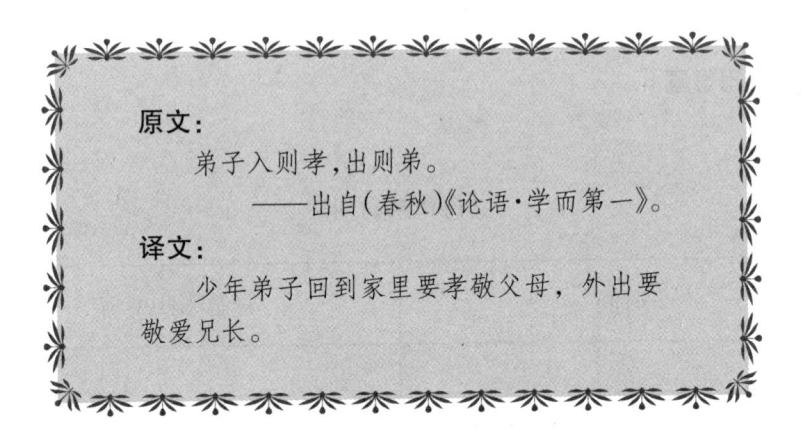

　　晋朝的王祥，早年丧母，继母朱氏时常想吃鲤鱼，但因天寒河水冰冻，无法捕捉，王祥便赤身卧于冰上祷告，忽然间冰裂，从裂缝处跃出两尾鲤鱼，持归供奉继母。

　　他的举动，在十里乡村被传为佳话。人们都称赞王祥是人间少有的孝子。

风向标

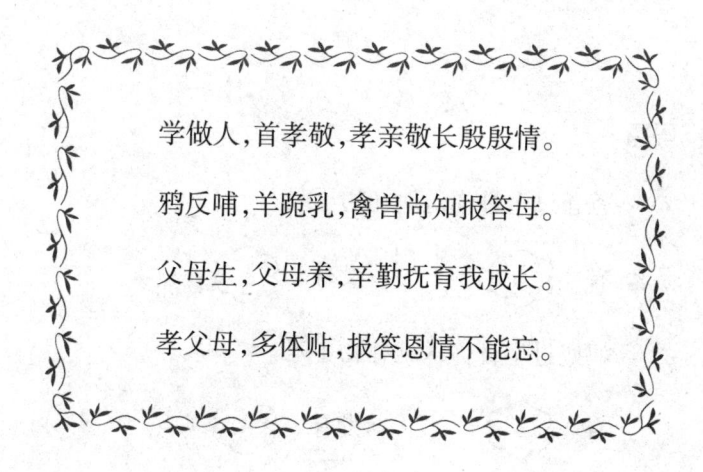

> 学做人,首孝敬,孝亲敬长殷殷情。
>
> 鸦反哺,羊跪乳,禽兽尚知报答母。
>
> 父母生,父母养,辛勤抚育我成长。
>
> 孝父母,多体贴,报答恩情不能忘。

拓展营地

父母对儿女的爱是世界上最无私的爱,他们为了我们的健康成长,默默地奉献着,爸爸妈妈处处关心我们,同样我们也应该关心爸爸妈妈。你了解爸爸妈妈的想法吗?想一想自己能做哪些事情可以帮爸爸妈妈减轻负担呢?

第三节　回报父母

问号屋

爸爸过生日你送他礼物了吗？

有　　　　没有

妈妈过生日你送她礼物了吗？

有　　　　没有

你经常给爸爸妈妈捶背、揉肩吗？

有　　　　没有

你经常为父母端洗脚水,给他们洗脚吗？

有　　　　没有

风向标

明礼仪,常问好,让父母舒心；
少空谈,多帮忙,让父母省心。
遇矛盾,能宽容,让父母顺心；
勤学习,苦专研,让父母开心。
遇难事,勤商量,让父母称心；
重感恩,促和谐,奉献出爱心。

故事屋

陈毅孝母

　　1962年,陈毅元帅出国访问回来,路过家乡,抽空去探望身患重病的老母亲。

　　陈毅的母亲瘫痪在床,大小便不能自理。陈毅进家门时,母亲非常高兴,刚要向儿子打招呼,忽然想起了换下来的尿裤还在床边,就示意身边的人把它藏到床下。

　　陈毅见久别的母亲,心里很激动,上前握住母亲的手,关切地问这问那。过了一会儿,他对母亲说:"娘,我进来的时候,你们把什么东西藏到床底下了?"母亲看瞒不过去,只好说出实情。陈毅听了,忙说:"娘,您久病卧床,我不能在您身边伺候,心里非常难过,这裤子应当由我去洗,何必藏着呢。"母亲听了很为难,旁边的人连忙把尿裤拿出,抢着去洗。陈毅急忙挡住并动情地说:"娘,我小时候,您不知为我洗过多少次尿裤,今天我就是洗上10条尿裤,也报答不了您的养育之恩!"说完,陈毅把尿裤和其他脏衣服都拿去洗得干干净净,母亲欣慰地笑了。

引经据典

游子吟

孟 郊

慈母手中线,游子身上衣。
临行密密缝,意恐迟迟归。
谁言寸草心,报得三春晖。

读一读

妈妈看书我不闹

我在床上蹦蹦跳,
边唱边跳乐陶陶。
妈妈灯下来看书,
我忙把嘴来闭好。
妈妈看书我不闹,
影响学习多不好。
我也拿本书来看,
妈妈对我点头笑。

爸爸睡觉我不吵

小花猫,不要叫,
再叫不给你吃饱。
爸爸上了深夜班,
回到家里在睡觉。
爸爸睡觉我不吵,
请你乖乖也不叫。
我来写字又画画,
小猫小猫快来瞧。

第四章　社会之礼

第一节　我是文明小主人

问号屋　亲爱的小朋友,如果有小伙伴到你家来玩儿,你会招待他吗?

讲究礼仪礼节

到我家做作业吧~
您好~
您好

请喝水~
谢谢~
谢谢

对不起,弄坏了!
没关系
对不起

再见~
再见~
再见

故事屋

小熊请客

小熊今天请客,它把自己的家打扫得干干净净的。他请来了谁呢?

"嘎嘎嘎嘎……"原来是小鸭子,小鸭子一进小熊家就说:"小熊你好!"小熊就说:"你好,请进,小鸭,请进!"

过了一会,"汪汪汪汪……!"又是谁来了呢?原来是小狗,小狗进门就说:"你好!小熊!"小熊说:"你好,小狗!快请进!"

"喵喵喵"小猫打扮得非常漂亮来到了小熊家,它是今天小熊请的最后一位客人!小猫进门就说:"你好,小熊!"小熊连忙说:"你好,小猫,就等你来开始吃饭了!"

小熊把已准备好的食物,也是它的客人们最喜欢吃的食物拿来招待它们,有萝卜、小鱼、肉骨头还有米饭,水果……小客人们都吃得饱饱的。吃晚饭他们对小熊说:"小熊,谢谢你的热情款待,你烧的食物都太好吃了!"

小动物们一直玩到了天黑了,小动物们夜该回家了:"小熊谢谢你,再见!"小熊说:"你们慢走,路上注意安全,欢迎你们常来我家玩。"

说一说

亲爱的小朋友，小熊做的好不好？涂一涂吧

好 ○　　　　　不好 ○

风向标

今天同学到我家，
热情友好招待他。
一起游戏一起玩，
团结友爱人人夸。

互动广场

小朋友们去你家做客的时候，你表现得怎么样呀？给自己做个评价吧（涂星星）。

评价＼表现	用彩笔涂星星
非常满意	☆ ☆ ☆ ☆ ☆
比较满意	☆ ☆ ☆
还需努力	☆

拓展营地

场景表演：请同学们想象一下，今天你的老师到你家去做客，你应该怎样招待老师？

第二节　我是文明小客人

问号屋

亲爱的小朋友,如果你到小伙伴家去做客,你知道怎么做个文明礼貌的小客人吗?

先让我们来看看下面图片中的人物是怎么做的。

99

故事屋

做　　客

　　过年了,爸爸带我去叔叔家做客。

　　我们来到叔叔家门口,我轻轻地敲了几下门。叔叔和表姐迎了出来,我说:"叔叔、表姐,你们好!"

　　走进屋子,叔叔请我吃巧克力,我连忙说:"谢谢叔叔!"

　　表姐请我去她的小房间玩,我看见表姐床上的一个布娃娃很可爱,就对表姐说:"我能玩一玩这个布娃娃吗?"表姐笑着点点头。我把布娃娃抱在怀里。我玩了一会儿,就把布娃娃放回表姐床上。

　　叔叔请我们吃饭,桌上有我最爱吃的鸡肉,可我不挑食。叔叔给我夹过来一只鸭腿,我又说:"谢谢叔叔!"我还把吃剩的骨头、鱼刺放在小盘子里,不随地乱扔。

　　吃完饭,我陪叔叔和表姐聊聊天,叔叔请我唱支歌,我大大方方地唱了起来。

　　要回家了,叔叔和表姐送我们到门口,我说:"叔叔、表姐,再见!欢迎你们到我家来做客!"

说一说

亲爱的小朋友,小熊做的好不好？涂一涂吧。

好　　　　　不好

风向标

做　客　歌

做客前,约在先,说人数,定时间,

如约至,勿早晚,小礼品,人喜欢,

入座后,坐相端,主人物,不乱翻,

主人忙,要适时,先致谢,再告辞,

第三节 文明观看表演

问号屋

同学们,我们在生活中经常会到电影院看电影或参加我校每年的校园文化节,每次看完节目后,你都是怎样做的呢?

说一说

这样做对不对?为什么?

1. 一边看演出一边和旁边人说话。
2. 把脚放在前边椅子上。
3. 演员表演时,在座位上来回走动。

故事屋

看杂技表演

明明和妈妈一起去看杂技表演,演出十分精彩,明明一边嗑瓜子一边不停地称赞,瓜子皮被他扔了一地。忽然,表演顶碗的演员出现了失误,碗撒了一地,明明便鼓掌大喊:"演砸啦!"

说一说

亲爱的小朋友,明明做的对不对？涂一涂吧

对　　　　　　　不对

如果是你,你会怎么做？
我来说：_____

风向标

文明礼仪歌

做观众,讲文明,

不喧哗,仔细看,

对演员,要尊重,

善理解,不起哄。

引经据典

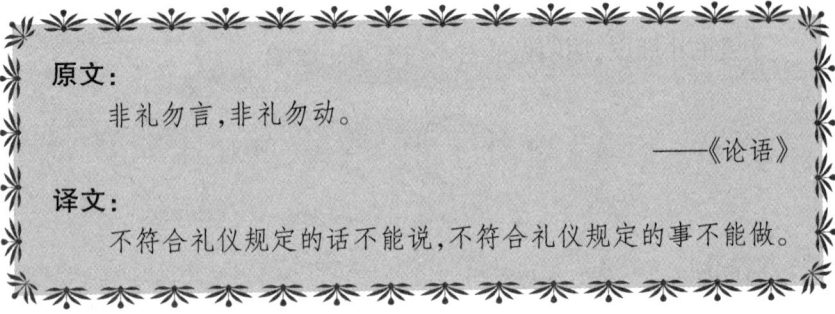

原文：
非礼勿言，非礼勿动。

——《论语》

译文：
不符合礼仪规定的话不能说，不符合礼仪规定的事不能做。

互动广场

小朋友们你在观看表演的时候，表现得怎么样呀？给自己做个评价吧（涂星星）。

评价 \ 表现	用彩笔涂星星
非常满意	☆ ☆ ☆ ☆ ☆
比较满意	☆ ☆ ☆
还需努力	☆

第四编

第一章　同学之礼

第一节　同学之间通话时

问号屋

同学们,平时接打电话的时候我们是怎么做的呢?下面的同学做的对吗?如果不对错在哪里?

1.电话铃响了,小明拿起电话生气地说:"你找谁?没在家!"

2.王月和李刚打电话聊天40分钟还没有聊完。

3. 电影院里小强的电话铃声响起,小强接起电话大声地说:"电影很好看,我正看着呢,可好玩了。"

风向标

我们要这样做

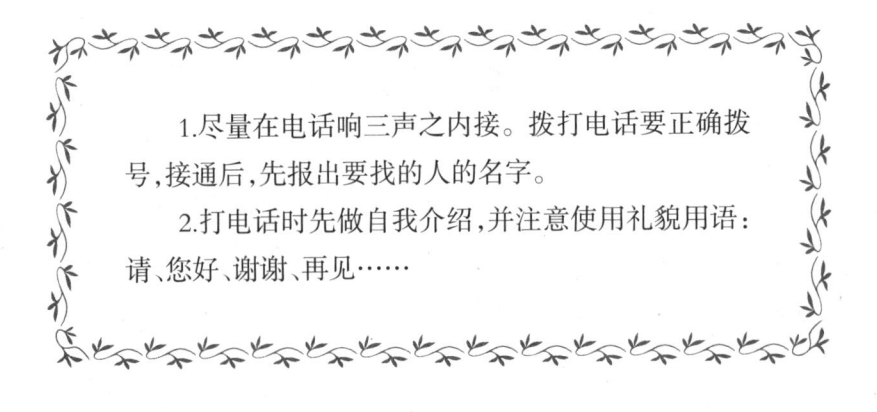

1.尽量在电话响三声之内接。拨打电话要正确拨号,接通后,先报出要找的人的名字。

2.打电话时先做自我介绍,并注意使用礼貌用语:请、您好、谢谢、再见……

3.说话音量适当,吐字要清楚,语速慢一点,语气要自然。

4.要注意打电话的时间,最好不在早8点之前和晚上10点以后,以及中午休息时给别人打电话,以免打扰别人休息。

5.如正在通话时中断,应由主动打电话的人重拨电话。

6.不要边吃东西边接电话。

7.如果自己打错了电话,应主动表示歉意;如果对方打错电话也应有礼貌地告诉对方,不要生硬地说:"错了!"

8.电话时间尽量控制在三分钟之内,挂电话的时候最好有"再见"等话语,避免莫名其妙地挂电话,如果是座机,请轻放电话。

9.公共场所接打电话要注意不影响他人,在会议、课堂等情况下电话要关机或设置静音。

拓展营地

请你调查一下身边的亲人、朋友、同学,看看他们在接打电话的时候是否注意相关礼仪。

第二节　到同学家做客时

问号屋

同学们,现在你去好朋友家做客,应该怎么样去做呢？给你喜欢的小兔子涂上颜色吧!

- 按约好的时间去好朋友家。

- 太想他了,不按约定时间现在就去。

- 哈,门没锁,直接进去给他个惊喜。

- 还是敲门等他出来吧。

- 咦,墙上这幅画是新买的吧。什么材料做得啊,摸着真舒服。

- "小刚,墙上这幅画是新买的吧,什么材料做得啊？我可以摸一下吗？"

- "小刚,你家的松树籽真好吃,果壳我倒在这个纸篓里好吗？"

- 哈哈,松树籽真好吃,吃了整整一地。

- 小刚爸爸领客人回来吃饭,一定有很多好吃的,我要一起吃。

- "小刚,你家来客人了我就不打扰了,今天玩得很高兴,下周去我家玩好吗？"

风向标

拜访时机要适宜,预约守信更准时。

衣着穿戴要合理,奇装异服不可取。

到后先要敲门问,获得同意才能进。

言谈举止讲礼貌,不开过分的玩笑。

如果长辈有问询,认真回答不能贫。

物品不分轻和重,未经同意不乱碰。

果皮纸屑不乱扔,都要放进垃圾桶。

遇到别人不方便,适时告退说再见。

拓展营地

场景表演1:

请同学们想象一下,周末你到同学家里去玩,你应该怎样做客?

场景表演2:

你到好朋友家去玩,遇到朋友家大人正在谈论重要的事情,你应该怎样对待?

第三节　面对同学隐私时

问号屋

一天,梦晰去好朋友路路家玩,路路把自己的日记拿给她看,还告诉了她一些小秘密,并让她不要告诉别人,但梦晰是个十分外向的人,她有时总有一种冲动,把这些内容告诉别人,但她又感到不该这样,很困惑,她该怎么办?

风向标

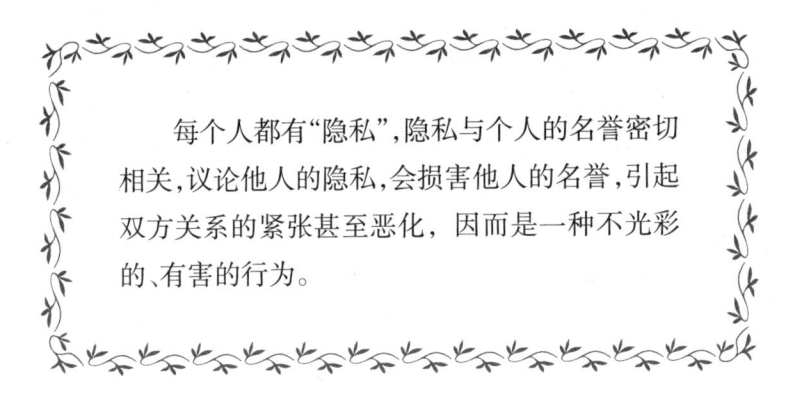

每个人都有"隐私",隐私与个人的名誉密切相关,议论他人的隐私,会损害他人的名誉,引起双方关系的紧张甚至恶化,因而是一种不光彩的、有害的行为。

故事屋

谁动了我的日记本

日记,是记录喜怒哀乐的地方。你的快乐与悲伤,在无人诉说的时候,可以轻轻地在这里记录下来。但,日记却被别人偷看了,会是怎样的心境呢?

正月十五,舅舅一家来家里过节,饭后,除了在打牌玩耍的,剩下来的人就围坐在桌前聊着,聊着过去一年所发生的种种,或聊着以后的各种打算……

不记得说到哪处话题,舅舅提到了自己的儿子,也就是我的表弟。舅舅对儿子的期望值非常高,总希望他一切都做得很圆满,不会让家人失望。抱着这种心态,在儿子放假回家过年的期间,竟然偷偷地翻看了儿子的日记本。

表弟,一米八的个子,过完年已是十七岁的帅气大小伙子了,性格外向,和班里的同学一直相处融洽,更是得到很多女孩子的青睐。

从他们的谈话中才知道,原来是舅舅从日记本中得知儿子有个心仪已久的女孩子,俩人关系也一直很不错。得知这个消息后,舅舅很恐慌,担心早恋会牵扯孩子的精力而影响到学业,就主动和儿子谈到了这个话题,结果表弟知道日记被偷看后,非常生气,竟然想挥拳揍自己的父亲。

舅舅很难过,虽然儿子没敢打自己,但说明儿子真的是很生气,也证明儿子确实已经长大,需要有自己的隐私权了。当晚,舅舅就主动找儿子聊天:儿子,现在咱们既不是父子关系,也不是兄弟关系,只当是要好的朋友,你坦白和我说,这个女孩子是什么时候认识的。表弟回答:是在小学六年级,一直到现在。舅舅当场无语……

听到这里,我竟想起了自己亲身经历的一件类似事件,只是偷看日记的人不是自己的父母而已。

曾经的自己也爱写写日记,生活的苦恼、无法诉说的心事,都悄悄地写

111

在日记本里。而不知何时起,这本日记竟然不再是秘密了,这里记录的一切都被一个至今痛恨的人看遍了,痛苦了很长时间,但无法直接找偷看日记的人当面质问,矛盾、烦燥、悔恨,不该存在的日记,泄露所记录的秘密,这些打破了自己的青春友谊。

"请别再偷看我的日记",表弟的心声,也是我要表达的,自己的日记自己看,请不要偷窥别人的隐私,让我们都可以拥有自己的一片自由天空,那里是一个人的、自己的秘密。

训练场

妈妈该这样做吗?

小岩这学期迷上了上网聊天,学习成绩也下降了。最近,妈妈对小岩上网的事了如指掌,包括他什么时间上,上了哪些网站,甚至包括他和同学在 QQ 上的聊天内容。原来妈妈在电脑中安装了一个叫"电子家长"的新型软件,小岩在网上的一切行为都被它记录下来,小岩很生气,他问妈妈这样做合法吗?如何解决监护权与隐私权的矛盾呢?

调查表事件

学校最近让学生填写一份有关家庭收入状况的调查表,打算对生活困难的同学给予一定的照顾。小杰家比较困难,他不想让别人知道,但还是如实填写了。班长收表的时候,把小杰的家庭情况告诉了其他同学,让小杰很难堪,班长的做法应该吗?

监听器可以买卖吗?

林威和小航去买文具,看到一个柜台在卖监听器,小航非常好奇,想买一个回家试试,但林威觉得这样不应该,你认为谁说的对呢?

成绩一定需要排名吗?

又要考试了,每次考试学校为了让学生有竞争意识都要进行大排队。你如何看待这个问题,有没有好办法既提高大家的竞争意识,又不侵犯学生的隐私?

第二章 师长之礼

第一节 与老师交谈之礼

问号屋

你和老师交谈时是怎样做的呢？在正确的做法前面画对号。

（　）站立时缩脖、塌腰、耸肩。

（　）双手不要放在兜里或插在腰间。

（　）要起立并主动给老师让坐。

（　）与老师交谈时，态度要谦虚、恭敬。

（　）老师说话时要看着老师的眼睛。

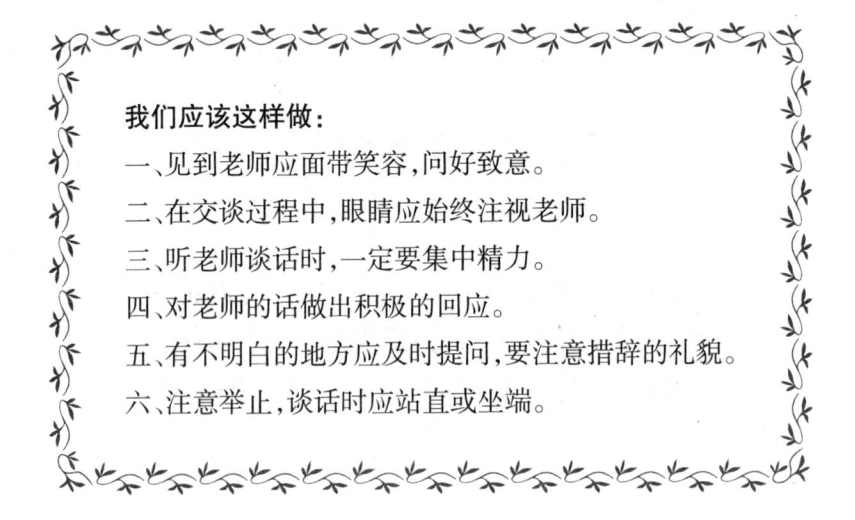

风向标

我们应该这样做：

一、见到老师应面带笑容，问好致意。

二、在交谈过程中，眼睛应始终注视老师。

三、听老师谈话时，一定要集中精力。

四、对老师的话做出积极的回应。

五、有不明白的地方应及时提问，要注意措辞的礼貌。

六、注意举止，谈话时应站直或坐端。

引经据典

原文：
　　学者必求师，从师不可不谨也。

——程颐

译文：
　　求学问的人一定会拜师，跟随老师学习时不能不态度恭敬和严谨。

故事屋

孔子尊师

公元前521年春，正在书写《道德经》的老子听说誉满天下的孔丘前来求教，赶忙放下手中刀笔，整顿衣冠出迎。孔子见大门里出来一位年逾古稀、精神矍铄的老人，料想便是老子，急趋向前，恭恭敬敬地向老子行了弟子礼。进入大厅后，孔子再拜后才坐下来。老子问孔子为何事而来，孔子离座回答："我学识浅薄，对古代的'礼制'一无所知，特地向老师请教。"老子见孔子这样诚恳，便发表了自己的见解。

回到鲁国后，孔子的学生们请求他讲解老子的学识。孔子说："老子博古通今，通礼乐之源，明道德之归，确实是我的好老师。"

互动广场

想一想你平时与老师交谈时候是怎样做的？学了本课你觉得与老师交流时应注意什么？与你的同伴说一说，演一演。

第二节　教师家访之礼

故事屋

我来告诉你

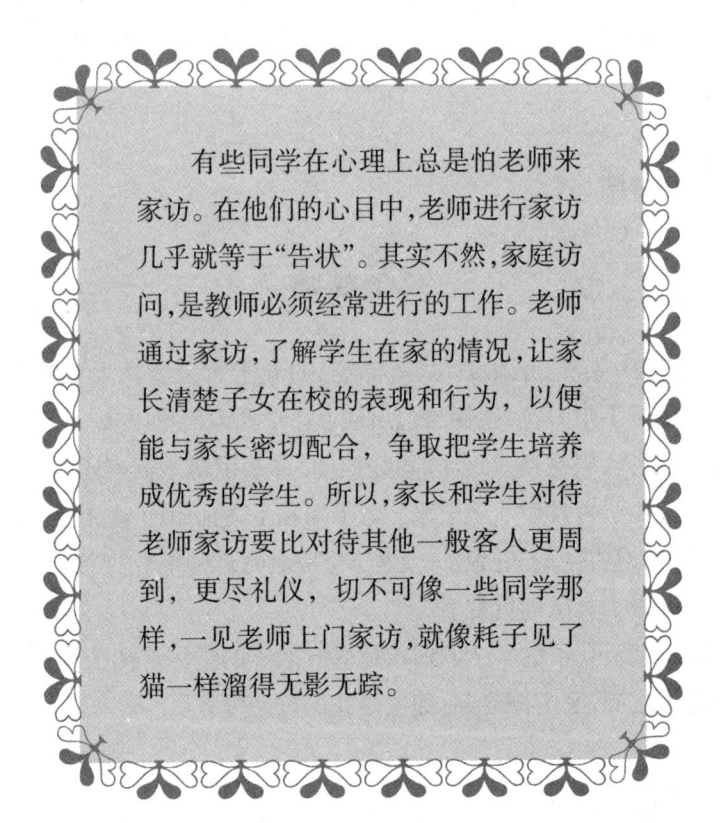

有些同学在心理上总是怕老师来家访。在他们的心目中,老师进行家访几乎就等于"告状"。其实不然,家庭访问,是教师必须经常进行的工作。老师通过家访,了解学生在家的情况,让家长清楚子女在校的表现和行为,以便能与家长密切配合,争取把学生培养成优秀的学生。所以,家长和学生对待老师家访要比对待其他一般客人更周到,更尽礼仪,切不可像一些同学那样,一见老师上门家访,就像耗子见了猫一样溜得无影无踪。

风向标

1. 当老师上门家访时,我们应在第一时间热情招呼,恭敬地出门迎接。若老师是初次上门,应及时给老师和家长做相互介绍,然后安排老师入座并敬茶。茶杯要用双手端送给老师。

2. 在一般情况下,为了便于老师和家长交谈,学生应做礼貌性的回避。如果老师请学生留下,则可以静坐在一旁倾听老师和家长的交谈,并有礼貌地做出一些回答。

3. 当老师告辞时,家长和学生一定要送出大门,热情道别。

引经据典

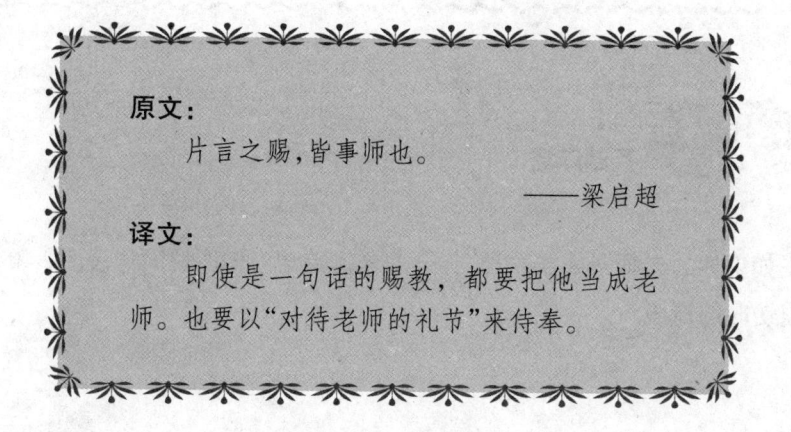

原文:
　　片言之赐,皆事师也。
　　　　　　　　——梁启超

译文:
　　即使是一句话的赐教,都要把他当成老师。也要以"对待老师的礼节"来侍奉。

故事屋

老师来我家

咚、咚、咚!"谁呀?"我边问边打开门,是张老师!我见了,立即把张老师迎进客厅,还给她泡了一杯茶。

"张老师,你这次来我家作客,我很高兴。"张老师说道:"我这次来是想告诉你学校决定让你参加小学生智力竞赛。"

"原来是这样,那我一定会好好准备,不会让我们学校丢脸的。"

"好!我相信你,你一定要加油,给学校争荣誉。比赛时间是下周六上午 9:00 比赛。你在家准备吧,我走了,再见。"

"张老师你还是吃了饭再走吧。"

"不用了,谢谢你,我马上还要到别的同学家去呢,再见。"

"张老师再见。"

我把张老师送出门后,便跑回书房准备起来……

互动广场

如果你的老师来你家家访,你会怎样接待呢?与你的同伴表演一下老师来家访时的情境?

第三节　拜访老师之礼

问号屋

同学们,你们去过老师家拜访老师吗?你知道到老师家拜访应注意哪些礼仪吗?

风向标

拜访老师礼为先,
礼貌登门讲礼仪。
提前预约不冒失。
守时守约要做到。
正确称呼不失礼。
举止有礼人人夸。

故事屋

尊敬师长　名留后世

桓荣是汉明帝的老师,汉明帝对老师一向非常尊教。有一次明帝到太常府去,在那里放了老师的桌椅,就请老师坐在东边的方位,又将文武百官都叫来,当场行师生之礼,亲自拜桓荣为老师。明帝能放下自己尊贵的身份来恭敬老师,可见他的用心与风范,值得大家学习。

华罗庚成名不忘师恩

著名数学家华罗庚成名之后不止一次说过:"我能取得一些成就,全靠我的老师栽培。1949年,华罗庚从国外回来,马上赶回故乡江苏金坛县,看望发现他数学才能的第一个"伯乐",王维克老师。他在金坛做数学报告时,特地把王老师请上主席台就座,进会场时让老师走在前面,就座时只肯坐在老师的下首。

李宗仁尊师若父

李宗仁幼年的教师曾其新,驼背弯腰,人们戏称"曾背锅"。别看其形陋貌丑,李宗仁先生却敬若父辈。因曾年老无依,长期随军,由李宗仁出钱奉养。李宗仁还在司令部驻地附近修建房屋,给老师静居,并派一名副官专门侍奉,李每天还要亲去问安。李宗仁的另一名姓朱的老师,也长期随李宗仁起居。李对其照顾无微不至。老河口的老百姓都说,在李将军身上,真正体现了"一日为师,终身为父"的师生之爱,得恩不忘报,实乃大丈夫。

拓展营地

见面礼节

　　老师开门后,要问候老师。若去不认识自己的老师家拜访应先确认老师的身份,然后再问候,做自我介绍。如说"你好!请问这是张老师的家吗?""张老师在家吗?""张老师,你好!打扰您了,我是××系的学生,叫×××。"如果敲错门,别忘了道歉。老师请你进门后,你再进门。进屋后,屋里若有其他人应与其他人点头致意。

★拜访中的礼节★

　　进屋后,东西不要乱放,老师请坐后再坐下,并向老师谢座。与老师交谈时注意交谈礼节。

告辞礼节

　　拜访时间不宜太长,一般不超过20分钟为好。到吃饭、休息时间应告辞。有其他客人来访时也应告辞。不要老看表,让人觉得你急于想走,也不要在老师说完一段话或一件事后,立即提出告辞,这样会使老师认为你不耐烦和不感兴趣。告辞时一般遵从"先谢后辞"的原则。如恭敬地对老师说"打扰多时了,我该告辞了,谢谢您的帮助指教,再见"。老师相送,应及时请老师留步。

互动广场

　　如果你到老师家拜访,应该怎样说,怎样做?与你的同伴表演一下去老师家拜访时的情境。

第三章　孝亲之礼

第一节　知晓长辈节日

问号屋

父亲节是（　　）月（　　）日
母亲节是（　　）月（　　）日
重阳节是（　　）月（　　）日
重阳节也叫（　　　　　　）

故事屋

父亲节的由来：

1909年，华盛顿有一位多德夫人，她早年丧母，由慈爱的父亲一手抚养大。许多年过去了，每逢父亲的生辰忌日，总会回想起父亲含辛茹苦养家的情景。于是她写信呼吁建立父亲节，并建议将节日定在6月5日她父亲生日这天。州政府采纳了她的建议，把父亲节定为每年6月的第3个星期日。

母亲节的由来：

1906年5月9日，美国费城的安娜·贾薇丝的母亲不幸去世，她悲痛万分。在次年母亲逝世周年忌日，安娜小姐组织了追思母亲的活动，并鼓励他人也以类似方式来表达对各自慈母的感激之情。此后，她到处游说并向社会各界呼吁，号召设立母亲节。她的呼吁获得热烈响应。政府决定每年5月的第二个星期日为母亲节。

重阳节的由来：

农历九月初九是我国的重阳节，我国在1989年将每年的重阳节定为老人节，每到这一日，各地都要组织老年人登山秋游，开阔视野，交流感情，锻炼身体。不少家庭的晚辈也会搀扶年老的长辈到郊外活动。

拓展营地

这是爸爸妈妈的节日，想一想我们在父亲节与母亲节时应该选择一些什么样的花？应该怎样给父母庆祝节日？

(　　) (　　) (　　) (　　) (　　)

重阳节时我们要怎样庆祝爷爷奶奶们的节日？

读一读

印　度：每年四月五日是印度的"妈妈节"。
法　国：每年五月二十九日是法国的母亲节。
日　本：每年十月的第三个星期日为日本母亲节。
加拿大：每年五月的第二个星期日为"母亲节"。
丹　麦：每年五月的第二个星期日为"母亲节"。

123

第二节　理解尊重长辈

问号屋

家里有哪些长辈？他们的年龄是多少？他们的生日你都记得吗？他们的属相是什么？他们都有哪些兴趣和爱好……尝试像了解名人一样了解你的所有长辈。

风向标

中国礼仪代代传,孔融让梨敬父母;

黄香暖被教育人,中国礼仪不能忘;

尊老爱幼记心上,礼貌尊称要在先;

轻言慢语带笑脸,热情招呼问声好;

交接物品用双手,理解长辈要记牢。

故事屋

听妈妈讲我小时候的故事

星期六,我做完了作业,觉得没事干,就缠着妈妈让她给我讲小时候的故事。妈妈说:"你小时候倒真是有很多小故事呢!"妈妈还没说完我就迫不及待地说:"那你就给我讲一个吧!""让我想一想。"妈妈说,"给你讲哪一个好呢?"妈妈想了一会儿,就坐在一个小板凳上,开始讲我小时候的故事。

就在我刚刚学会走路,还不会说话的时候。有一次过节,家里来了许多客人,可是当客人吃完晚饭要回家的时候外面下雨了,他们都没有带雨伞。我爷爷说:"我借几把雨伞给你们吧。""不用了,雨下得不太大,谢谢!"客人说。站在一旁的我连忙跑到妈妈房间拿了两把雨伞,又跑回了客人们面前一边"嗯!嗯!"地叫着,一边恭恭敬敬地把伞递给客人们,好像在说:"给你们,给你们!"客人们低头一看,个个眉开眼笑,惊喜地说:"好乖啊!你还不会说话就懂得尊敬长辈了,真是让我们太感动了!"看见客人们在笑,我也站在一旁傻呵呵地笑了起来。妈妈说着说着,好像又回到了我小的时候。

听妈妈讲完我小时候的故事,我觉得我小时候原来是一个这么可爱、这么尊敬长辈的小男孩啊!

知识窗

作为一个人,对父母要尊敬,对子女要慈爱,对穷亲戚要慷慨,对一切要有礼貌。

——罗素

读一读

居家克己

1.家中有高龄行动不方便的长辈应定日主动到其房里行礼请安(最好是一对夫妇先去,家中小辈兄弟姐妹再去,这样人既不多也不烦杂)与其聊天,问寒问暖,送餐递巾。

2.要出门时与家人相互告之,上学上班要打声招呼,回来时要说"我回来了",家中有人时要迎一下,帮忙拿东西等。为人子者出门要主动到长辈房里告之辞行,回来时也要主动到房里行礼(以免长辈担心)。

3.自己在屋里或者与亲人朋友在屋里谈话时要记得关上门,以免影响其他家人。

4.无论是在家里还是其他场合,到别人房间不要直接推门擅入,也不要大声敲门(唐突,不礼貌且打扰别人)应在门外通报"我是某某我可以进来吗?"里面人应说"请进"并站起来,方可进入,比较熟悉的亲人朋友可以直接就坐,像客人或较生疏的人等主人应请其上座,自己坐客座,并且客人坐后自己方能坐;身为晚辈者,有事应主动到长辈房间去,通报应答如前仪,只不过长辈仍坐主坐,晚辈进去后可略一躬,自己坐客位,不必谦让。

5.朋友哪怕是兄弟姐妹来也要站起身来,如是长辈老人的话站起身来并微一躬身,长辈立不可坐,长辈让坐时方能就坐。

6.即使在家也不要大声喧哗。

互动广场

上面的读一读,都是理解与尊重家人的行为,你也这样做过吗?

第三节　注意言谈举止

问号屋

他们做的对吗？应该怎样做？
1. 奶奶每次和小红说话，小红都不耐烦的说："知道了，知道了。"
2. 爷爷和东东坐车，东东坐着，爷爷站着。
3. 明明让爷爷给他买玩具，爷爷没给他买，他对爷爷又打又骂。

故事屋

敬老尊贤

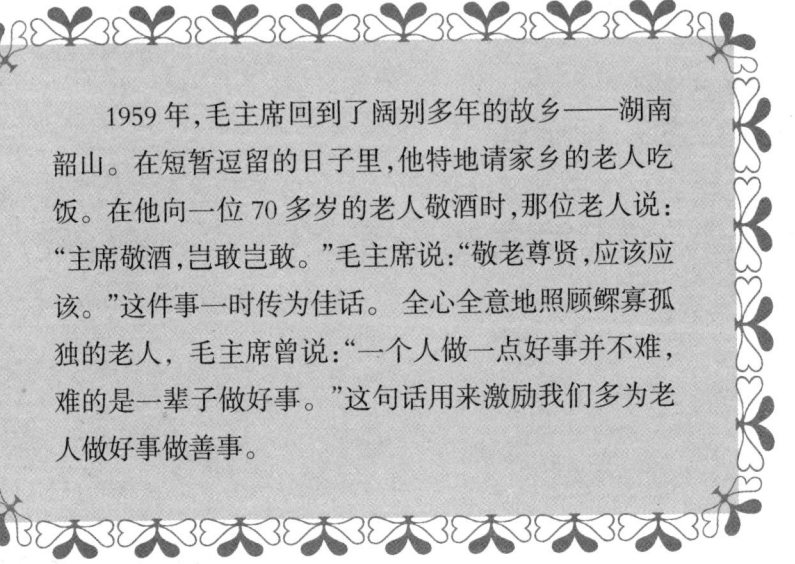

1959年，毛主席回到了阔别多年的故乡——湖南韶山。在短暂逗留的日子里，他特地请家乡的老人吃饭。在他向一位70多岁的老人敬酒时，那位老人说："主席敬酒，岂敢岂敢。"毛主席说："敬老尊贤，应该应该。"这件事一时传为佳话。全心全意地照顾鳏寡孤独的老人，毛主席曾说："一个人做一点好事并不难，难的是一辈子做好事。"这句话用来激励我们多为老人做好事做善事。

引经据典

原文：
　　长者立，幼勿坐；长者坐，命乃坐。

译文：
　　假如长辈站着，做小辈的就不要自以为是地坐下来；长辈坐下后，招呼你坐下你才可以坐下。

风向标

　　中国礼仪渊流长，孔融让梨被颂扬；

　　黄香暖被代代传，中国礼仪不能忘；

　　尊老爱幼记心上，礼貌尊称要在先；

　　轻声慢语带笑脸，热情招呼问声好；

　　交接物品用双手，理解长辈不强求；

　　如有要求直接提，不能使性耍脾气；

　　无理取闹受批评，通情达理受奖励。

读一读

这样可不对

婆婆爷爷白头发，

天天看见不喊他；

吃饭不等爹和妈，

菜碗都往胸前拉。

不买玩具大声骂，

又骂爹来又骂妈。

这种做法可不对，

不敬长辈人笑话。

第四章 社会之礼

第一节 图书馆里莫喧哗

问号屋 亲爱的同学们,你去过图书馆吗?你知道在图书馆里需要遵守哪些礼仪规则吗?

请你来当一当图书管理员,仔细观察下面的故事,判断一下他做的对吗?

那本书是我先看到的。

趁别人不注意,我把这页撕下来吧,画得太漂亮啦。

要不这本书我不还了,窃书不算贼嘛。

多复印些,反正也是公家的。

我来回答:我觉得他做的_____

引经据典

为中华之崛起而读书。
——伟大的无产阶级革命家 周恩来 语

故事屋

去图书馆

星期五的下午,小红去了学校图书馆。

一进门就看到好几排书架,书架上整整齐齐地摆放着各种各样的书,她高兴地蹦了起来,这时抬头看见旁边墙上贴着一个"静",她连忙悄悄地挑了一本自己最喜欢的书,蹑手蹑脚地走到书桌旁,专心致志看起来。看完后,小红把图书放回了原处。

说一说

亲爱的小朋友，你觉得小红做得好不好？你还知道哪些在图书馆里应该遵守的规则？

风向标

图书馆礼仪三字歌

图书馆，要肃静，
声要低，走要轻。
借图书，要爱护，
阅览毕，归原处

互动广场

同学们，你在图书馆表现得怎么样呀？快对自己做个评价吧！

评价 \ 表现	用彩笔涂星星
非常满意	☆ ☆ ☆ ☆ ☆
比较满意	☆ ☆ ☆
还需努力	☆

第二节　做文明小观众

问号屋　　同学们，你知道在观看比赛、演出的时候需要注意什么礼仪吗？

仔细观察下面的图片，看看他们做的对吗？请你在正确的图片右下角画 ☺ ，不正确的画 ☹

引经据典

原文：
　　非礼勿言，非礼勿动。
　　　　　　　　——《论语》

译文：
　　不符合礼仪规定的话不能说，不符合礼仪规定的事不能做。

故事屋

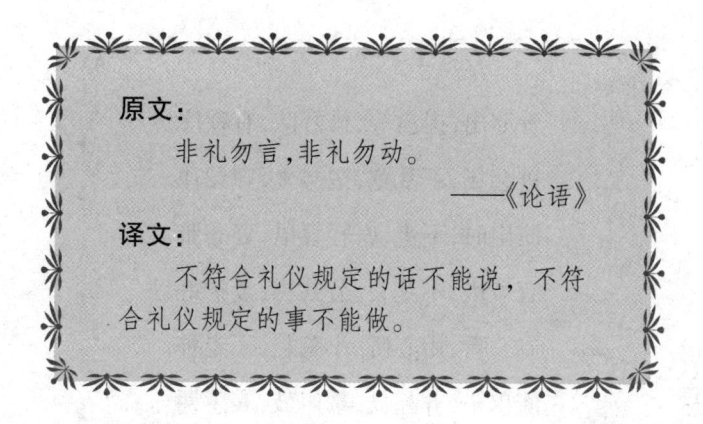

尊重演出者

　　不久前，中国戏剧家协会邀请美国的聋人剧团来华演出。这是一个在国际上享有盛名的剧团，演员全是聋哑人，使用特有的哑语演出，服务对象却不以聋哑人为限，面向全社会。中国观众很热情，并在演出结束时，有礼貌地起立鼓掌，许多观众目送演员退场后才离开座位，以表示对这些聋哑人演出者的尊重。

风向标

做文明小观众

看演出,提前等,排好队,有秩序。
进会场,不乱跑,按号坐,守纪律。
演出时,不走动,轻轻语,姿态雅。
有垃圾,不乱丢,公共物,爱护好。
专心看,用心听,小脑袋,不走神。
演出毕,齐起立,掌声鼓,表感谢。

互动广场

同学们,你是文明小观众吗?快来评价一下自己吧!

评价＼表现	用彩笔涂星星
非常满意	☆ ☆ ☆ ☆ ☆
比较满意	☆ ☆ ☆
还需努力	☆

第三节　做文明小听众

问号屋

同学们,你是文明的小听众吗?
你知道在参加会议的过程中应该怎么做吗?

风向标

应该这样做

安静进场不吵闹,指定位置端坐好。
衣冠整齐有礼貌,惜时守时别迟到。
聚精会神听报告,不乱走动不吵闹。
不吃零食丢纸屑,不擅离场懂礼貌。

不应该这样做

一进会场就吵闹，东走西逛静不了。

衣冠不整形象糟，偶尔还要迟迟到。

听取报告不认真，随便讲话大声笑。

探头张望挡视线，埋头说说悄悄话。

乱扔垃圾吃零食，打断发言还起哄。

没有耐性很无聊，想要离场偷跑掉。

故事屋

朱德带领的部队，在解放战争期间常开大会。八点会议开始，战士们在7:40就全部到齐了，着装整齐坐姿端正，做好了认真开会的准备。朱德总司令一进场，全体战士立刻起立向首长鞠躬问好，然后整齐地坐下来，认真听取报告。

虽然开会不是打仗，但是，如此遵守会场纪律的战士，到了战场上，也会严格遵守战斗纪律。在司令员的正确指导下，就会取得胜利。共产党领导的军队之所以能解放全中国，在与敌人最后的决斗中取得胜利，是与严明的纪律分不开的。小朋友们，你们知道了吗？

问问自己

有人说,上面提到的上海领导有点小题大做,你认为呢?

同样,有人认为学校每周星期一早上升旗仪式要让大家穿校服也是小题大做,你同意吗?为什么?

引经据典

原文:
　　质胜文则野,文胜质则史。文质彬彬,然后君子。
　　　　　　　　　　　　　　　　　　　　——《论语》

译文:
　　只是品格质朴而不重视礼节仪表,人就会显得粗野;但是只注重礼节仪表,缺乏质朴的品格,就会显得虚浮;只有礼节仪表和质朴品格结合起来才算是一个有教养的人。

互动广场

同学们,你是文明小听众吗?快对自己做个评价吧!(涂星星)

评价　　表现	用彩笔涂星星
非常满意	☆ ☆ ☆ ☆ ☆
比较满意	☆ ☆ ☆
还需努力	☆

第五编

第一章　同学之礼

第一节　同学竞争之礼

文明寄语

竞赛礼仪是指人们在竞赛活动中,以道德为核心,按一定的程序和规则来表现公平竞争、律己敬人的行为准则和规范,它是竞赛文明的重要标志。其内涵是以文明和道德风尚来捍卫和弘扬"相互了解、友谊、团结和公平竞争"的精神。

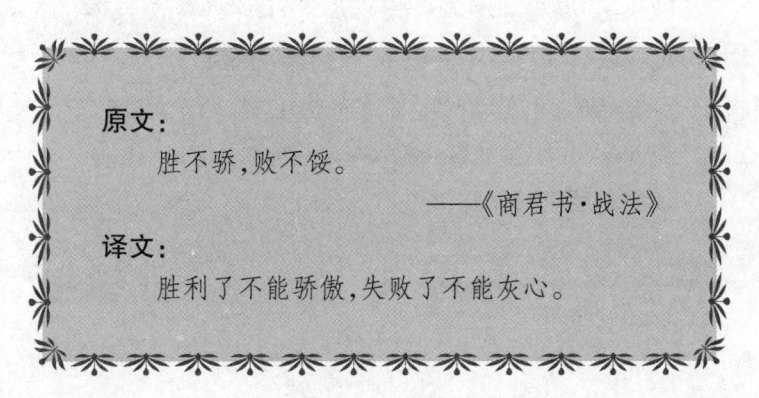

引经据典

原文：
　　胜不骄,败不馁。
　　　　　　　　　　　　——《商君书·战法》

译文：
　　胜利了不能骄傲,失败了不能灰心。

故事屋

　　小猪和小兔是一个班的同学，小兔学习很棒，每次考试都得第一。而小猪每次考试都是最后，但是小猪很不服气，他发誓要通过努力超过小兔。

　　于是小猪上课注意听了，按时完成作业，课外也下苦功学习，终于，他的成绩有了明显提高。而小兔因为成绩好，渐渐变地骄傲起来，学习远不如以前努力了。有一天，小猪和小兔要进行比赛。小猪说："咱们比语文，默写古诗吧！"小兔用瞧不起的眼神说："比就比，我比你学习好，肯定能比过你。"小猪没搭理骄傲的兔子。他俩请来了鹿老师，便开始比赛了。小兔子感觉自己学习好就一边玩一边写，而小猪却认真地写，写完后还来回地检查。等他们安排的时间到了，鹿老师收回了他们的卷子。很快成绩出来了，鹿老师念到："小猪一百分，小兔五十五分。"小兔一听顿时傻了眼，坐在地上哭了起来。

　　小猪走到小兔身边，语重心长地说："不能骄傲，如果骄傲了总有一天会落后的。"小兔惭愧地说："以后我再也不骄傲了，谢谢你，小猪！"

　　从此，小兔改掉了骄傲的坏毛病，两个好朋友一起学习，小兔经常帮助小猪。后来，小兔和小猪年年都是班里的三好学生。

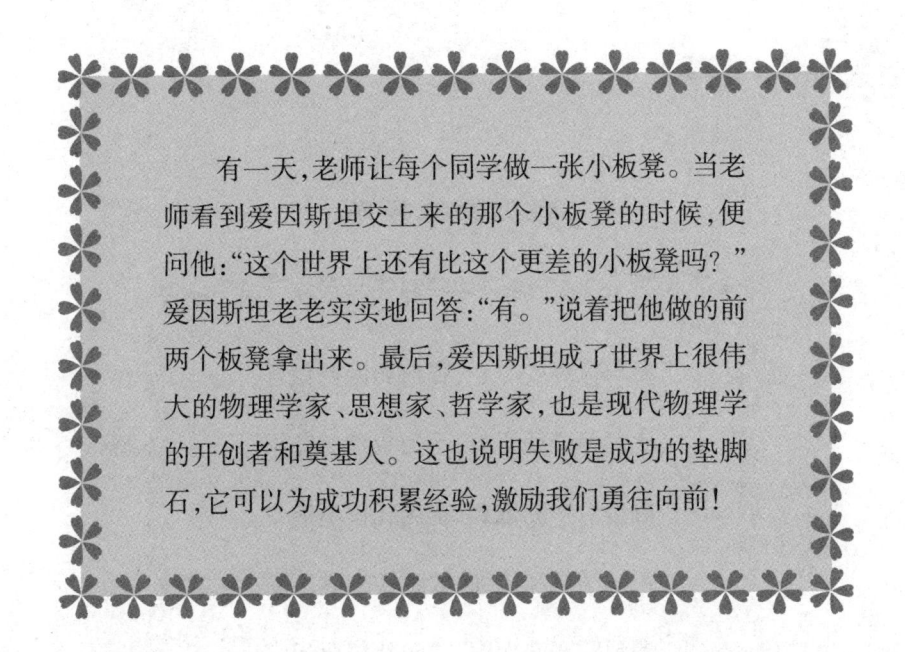

有一天,老师让每个同学做一张小板凳。当老师看到爱因斯坦交上来的那个小板凳的时候,便问他:"这个世界上还有比这个更差的小板凳吗?"爱因斯坦老老实实地回答:"有。"说着把他做的前两个板凳拿出来。最后,爱因斯坦成了世界上很伟大的物理学家、思想家、哲学家,也是现代物理学的开创者和奠基人。这也说明失败是成功的垫脚石,它可以为成功积累经验,激励我们勇往向前!

拓展营地

请同学们思考一下,当我们竞争胜利了应该怎样做?失败了应该怎样做?

> 风向标

我们要这样做

参与竞赛要尽心,赛前功课要做好。

比赛完全凭实力,不为成绩耍花招。

尊重对手和裁判,赛场礼仪不能少。

正视结果和成绩,败不馁来胜不骄。

参观竞赛守次序,文明礼仪要记牢。

竞赛进场排队走,不乱插队不乱跑。

竞赛之中安稳坐,保持安静不吵闹。

竞赛结束要鼓掌,致敬选手有礼貌。

第二节　同学谦让之礼

问号屋

同学们,在生活中,我们常会看到同学间因为一些鸡毛蒜皮的小事而互不相让,甚至大打出手,这样做值得吗?

🌷 在出教室门的时候,大家都抢着往外走,结果都堵住了谁也走不了,这样做对吗?应该怎么做?

🌷 春游的时候,上车时有的同学抢着上车,上去以后又抢着坐座位,他们这样做对吗?应该怎么做?

🌷 课间下楼梯时,小明不小心碰了小张一下,小明还没来得及说对不起,就被小张骂了一句"神经病",于是小明出手就是一拳打在了小张的胸口,一场战争由此爆发了。你认为他们的做法对吗?该怎么做?

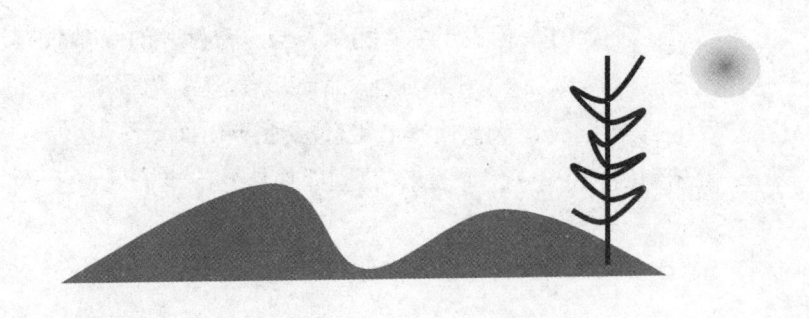

风向标

谦让是一种豁达的美德，就如一股清泉浇灭哀怨嫉妒之火。可以化冲突为详和，化干戈为玉帛。

谦让又是一种高尚的品德。别人冲撞了你，内心也会感到不安。你忍让待人，自然会得到别人的理解与拥戴。

谦让还是一种深厚的涵养，它是一种善待生活、善待别人的境界，能陶冶人的情操，带给你心灵的恬淡与宁静。它不但可以改善自己与社会的关系，还可以使自己的心灵得到慰藉与升华。

谦让是一门生活的学问。

故事屋

"六尺巷"的故事

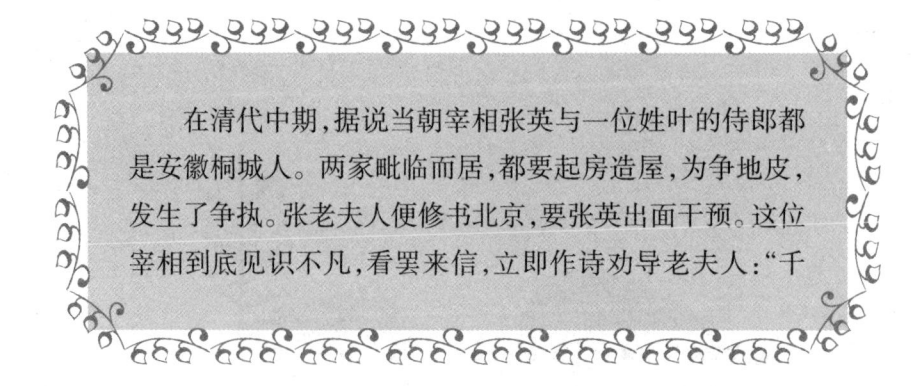

在清代中期，据说当朝宰相张英与一位姓叶的侍郎都是安徽桐城人。两家毗临而居，都要起房造屋，为争地皮，发生了争执。张老夫人便修书北京，要张英出面干预。这位宰相到底见识不凡，看罢来信，立即作诗劝导老夫人："千里家书只为墙,再让三尺又何妨?万里长城今犹在,不见当年秦始皇。"张母见书明理,立即把墙主动退后三尺;叶家见此情景,深感惭愧,也马上把墙让后三尺。这样,张叶两家的院墙之间,就形成了六尺宽的巷道,成了有名的"六尺巷"。事情就是这样:争一争,行不通;让一让,六尺巷。

文 明 寄 语

谦让是中华民族的传统美德,谦让是一种风度和境界,如果人人都能谦让,那人人都能受益。

为了把我们的社会变得美好而又和谐,让我们用谦让来对待别人,用微笑来面对别人,用双手来帮助别人,用心灵来关爱别人吧!那么我们就应该从身边一点一滴的小事做起,从学会谦虚开始。

同学们,希望大家今后处处讲礼貌,懂谦让,做一名合格的小学生!

第三节　同学宽容之礼

问号屋

我们每天都要与同学相处,在相处的过程中是否与同学发生过矛盾,矛盾解决了吗？是怎样解决的？

风向标

几种巧解矛盾的方法：

（1）总结分析法（分析出现矛盾的症结所在,先自我检查）；

（2）主动谦让法（学会宽容,心胸宽广）；

（3）暂时避开法（暂时避开对方,冷处理后主动与对方说话）；

（4）行动证明法（用自己的行动去感动对方）；

（5）请人帮助法（请别人帮助解决）；

（6）书面交谈法（当时让一让,第二天写封信给对方,谈自己的想法）。

有矛盾不可怕,但我们要正确的面对矛盾,并找到正确的解决矛盾的方法,那就能大事化小,小事化了!

引经据典

原文:
化干戈为玉帛。
——出自《淮南子·原道训》

译文:
比喻变战争为和平或变争斗为友好。

原文:
水至清则无鱼,人至察则无徒。
——出自《汉书》

译文:
水太清了,鱼就无法生存,要求别人太严格了,就没有伙伴。现在有时用来表示对人或物不可要求太高。也说"水清无鱼"。

故事屋

彭德怀度量宽宏

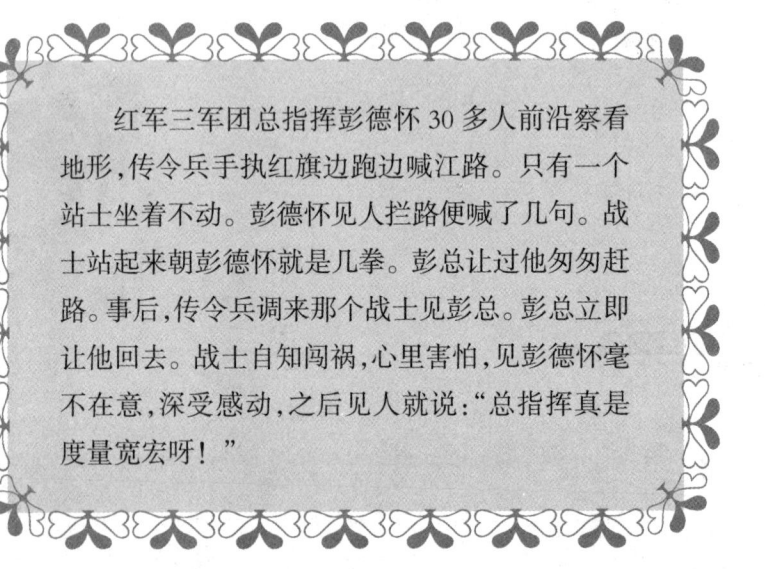

红军三军团总指挥彭德怀30多人前沿察看地形,传令兵手执红旗边跑边喊让路。只有一个战士坐着不动。彭德怀见人拦路便喊了几句。战士站起来朝彭德怀就是几拳。彭总让过他匆匆赶路。事后,传令兵调来那个战士见彭总。彭总立即让他回去。战士自知闯祸,心里害怕,见彭德怀毫不在意,深受感动,之后见人就说:"总指挥真是度量宽宏呀!"

互动广场

认为下列哪种做法好?为什么?

周晓的文具盒被人碰掉在地上,他便认为肯定是小明碰的,小明怎么解释也没用。

1.小明把这件事告诉老师,说有同学作证自己下课不在教室,不是自己碰的,周晓不讲理错怪了自己。

2.小明一边说明不是自己碰的,一边把碰掉在地上的文具拾起来,整理好。

3.与周晓断交,认为周晓这样的朋友不可交,不讲理。

第二章　师长之礼

第一节　尊重师长

问号屋

你认为下列情况是尊重老师的表现吗？（Yes or No）
1. 评论老师的衣着。　　　　　（　　）
2. 给老师起绰号。　　　　　　（　　）
3. 与老师讲话时大声嚷嚷。　　（　　）
4. 议论老师的言行。　　　　　（　　）

通过上面的回答，请你思考一下可以从哪些方面尊敬老师？

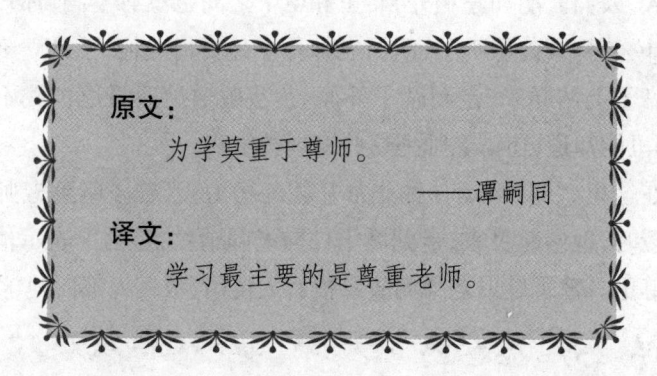

引经据典

原文：
　　为学莫重于尊师。
　　　　　　　——谭嗣同

译文：
　　学习最主要的是尊重老师。

故事屋

主席尊师

江泽民同志尽管工作很忙，但一直惦记着曾教育过自己的老师。1990年9月13日上午，江泽民同志乘车到当年的母校——上海交通大学去看望老师，紧紧握住严竣教授的手说："严老师您好！"并询问了教师们的身体状况、工作和生活情况。学校的钟教授住院期间，他多次到医院看望。

1995年，当江泽民同志得知老师沈教授去世的消息，心情十分悲痛，当即请沈教授的妹妹转达他对老师亲属的亲切慰问。江泽民同志访美时，在百忙中，带着珍贵礼物，亲自登门去看望拜见他的老师顾教授及师母。

曾子避席

"曾子避席"出自《孝经》，是一个非常著名的故事。

曾子是孔子的弟子，有一次他在孔子身边侍坐，孔子就问他："以前的圣贤之王有至高无上的德行，精要奥妙的理论，用来教导天下之人，人们就能和睦相处，君王和臣下之间也没有不满，你知道它们是什么吗？"曾子听了，明白老师孔子是要指点他，于是立刻从坐着的席子上站起来，走到席子外面，恭恭敬敬地回答道："我不够聪明，哪里能知道，还请老师把这些道理教给我。"

在这里，"避席"是一种非常礼貌的行为，当曾子听到老师要向他传授时，他站起身来，走到席子外向老师请教，是为了表示他对老师的尊重。曾子尊重老师的故事被后人传诵，很多人都向他学习。

互动广场

想一想你在什么事情上关心过自己的老师,然后小组讨论后填写下表。

事情	
内容	
感受	

演一演

让我们一起歌颂我们最亲爱的老师,深情地把这首诗读一读!

感恩老师

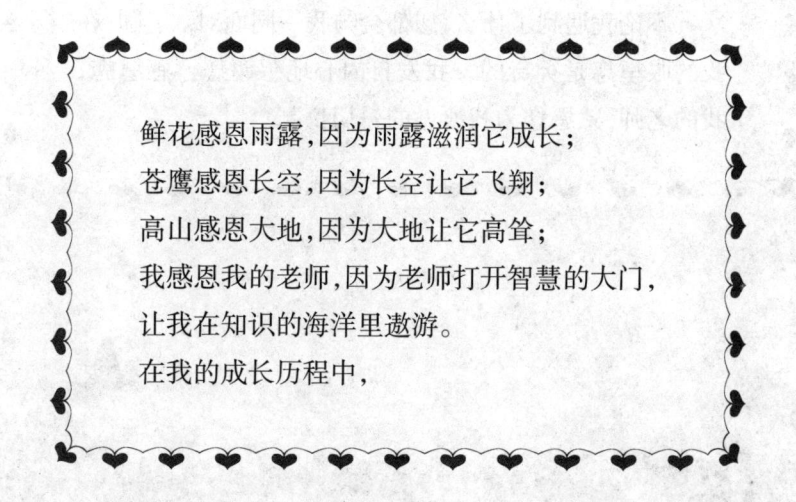

鲜花感恩雨露,因为雨露滋润它成长;
苍鹰感恩长空,因为长空让它飞翔;
高山感恩大地,因为大地让它高耸;
我感恩我的老师,因为老师打开智慧的大门,
让我在知识的海洋里遨游。
在我的成长历程中,

您浓浓的师爱一直伴随左右。

当我怀着害怕的心第一次跨进校门时，

老师，您阳光般的笑容给我以安慰，

将我带进了学习的殿堂。

当我怀着疑惑的心面对一道难题时，

您耐心细致地给我讲解解题的思路。

将我带进了趣味无穷的数学天地里。

当我怀着惭愧的心面对错误时，您意味深长地教给我做人的道理.

当我怀着失落的心面对失败时，您天使般地来到我身边给我以勇气与希望，

将我带进了以后成功的大门里。

当我怀着喜悦的心对待成功时，您善意地提醒我要谦虚，您将我那颗骄傲、浮躁的心带到了巍巍的"高山"上，带进了上进的"流水"中，也带进了自强不息的世界里。

当我……

不论我遇到了什么，您都会与我一同面对。老师，在我的眼里您是神奇的，我发自内心地感谢您，"感恩您，我的老师，感恩您为我所做的一切！"

第二节　虚心接受批评

问号屋

老师通常在什么情况下批评你，你是怎样对待老师的批评的？

风向标

应该这样做

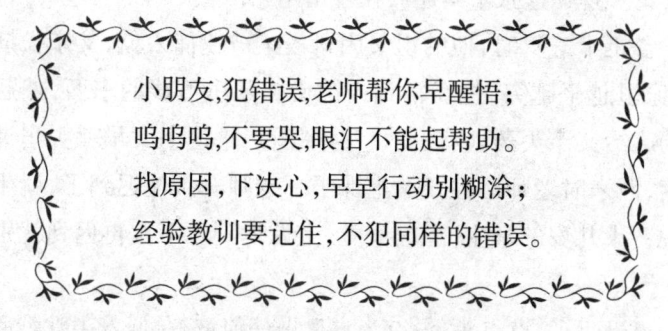

小朋友，犯错误，老师帮你早醒悟；
呜呜呜，不要哭，眼泪不能起帮助。
找原因，下决心，早早行动别糊涂；
经验教训要记住，不犯同样的错误。

不应该这样做

老师批评我生气，
老师表扬我得意；
解决问题不理智，
动嘴动手为出气；
我的错误总有理，
错事皆由他人起；
老师教诲如空气，
左耳进来右耳去；
有时还会赌赌气，
我就是公主、小皇帝。

故事屋

鲁迅刻"早"

鲁迅自幼聪颖勤奋，三味书屋是清末绍兴城里的一所著名的私塾，鲁迅十二岁时到三味书屋跟随寿镜吾老师学习，在那里攻读诗书近五年。鲁迅的坐位，在书房的东北角，是他的一张硬木书桌。现在这张木桌还放在鲁迅纪念馆里。

鲁迅十三岁时，他的祖父因科场案被逮捕入狱，父亲长期患病，家里越来越穷，他经常到当铺卖掉家里值钱的东西，然后再在药店给父亲买药。有一次，父亲病重，鲁迅一大早就去当铺和药店，回来时老师已经开始上课了。老师看到他迟到了，就生气地说："十几岁的学生，还睡懒觉，上课迟到。下次再迟到就别来了。"

鲁迅听了，点点头，没有为自己做任何辩解，低着头默默回到自己的坐位上。

第二天，他早早来到学校，在书桌右上角用刀刻了一个"早"字，心里暗暗地许下诺言：以后一定要早起，不能再迟到了。

以后的日子里，父亲的病更重了，鲁迅更频繁地到当铺去卖东西，然后到药店去买药，家里很多活都落在了鲁迅的肩上。他每天天不亮就早早起床，料理好家里的事情，然后再到当铺和药店，之后又急急忙忙地跑到私塾去上课。虽然家里的负担很重，可是他再也没有迟到过。

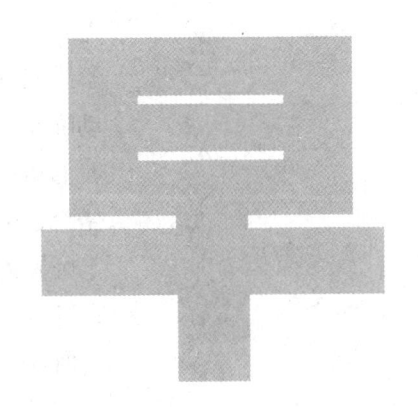

在那些艰苦的日子里,每当他气喘吁吁地准时跑进私塾,看到课桌上的"早"字,他都会觉得开心,心想:"我又一次战胜了困难,又一次实现了自己的诺言。我一定加倍努力,做一个信守诺言的人。"

后来父亲去世了,鲁迅继续在三味书屋读书,私塾里的寿镜吾老师,是一位方正、质朴和博学的人。老师的为人和治学精神,以及那个曾经给鲁迅留下深刻记忆的三味书屋和那个刻着"早"字的课桌,一直激励着鲁迅在人生路上的继续前进。

引经据典

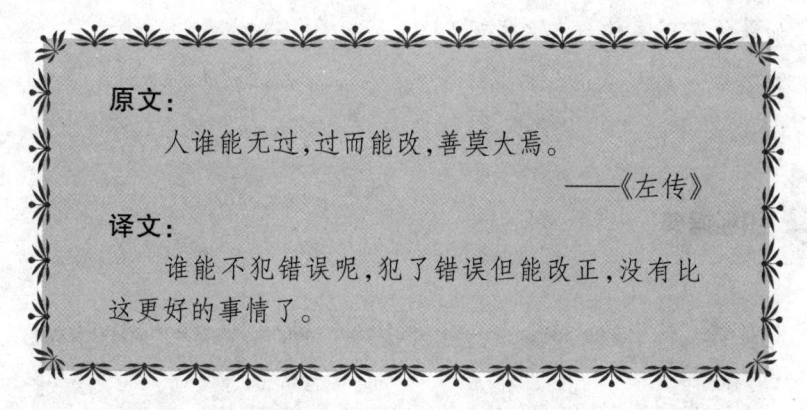

原文:
　　人谁能无过,过而能改,善莫大焉。
　　　　　　　　　　　　　　——《左传》

译文:
　　谁能不犯错误呢,犯了错误但能改正,没有比这更好的事情了。

训练场

回忆你平时是怎样对待老师批评的?和你的同学交流一下,再分角色进行表演。

第三节　正确评价老师

问号屋

课堂上,老师正在黑板上抄一句话,同学都在盯着黑板,王真同学看着看着突然大叫起来:"老师你把'安排'的'安'写错了。哈哈……"说完还环顾着其他同学,很是为抓住了老师的小辫子而得意洋洋。其他同学也叽叽喳喳起来,课堂秩序显得有些乱。你觉得王真同学做得对吗?这样做是尊重老师的做法吗?

如果你是王真你会怎么做呢?

引经据典

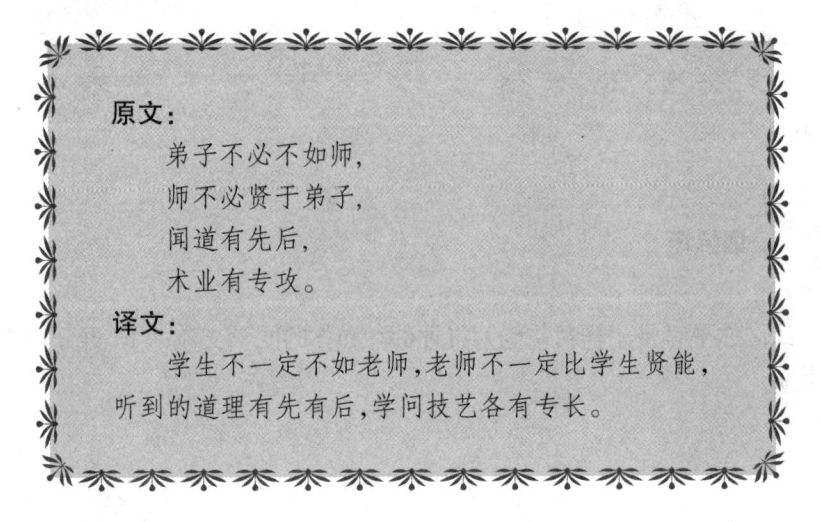

原文:
　　弟子不必不如师,
　　师不必贤于弟子,
　　闻道有先后,
　　术业有专攻。

译文:
　　学生不一定不如老师,老师不一定比学生贤能,听到的道理有先有后,学问技艺各有专长。

风向标

我们应该这样做

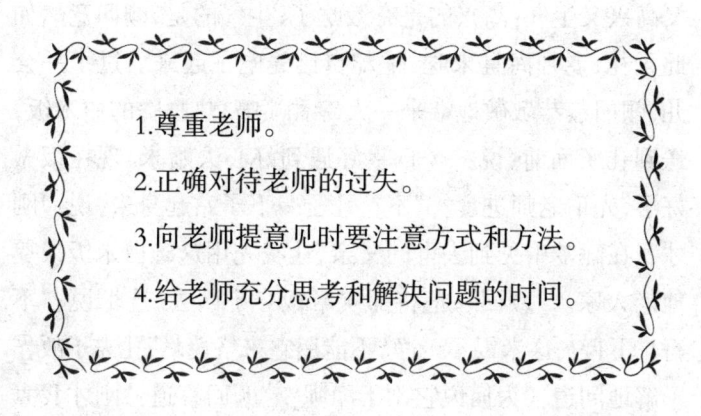

1. 尊重老师。
2. 正确对待老师的过失。
3. 向老师提意见时要注意方式和方法。
4. 给老师充分思考和解决问题的时间。

故事屋

孔夫子的误会

　　孔子带领他的学生们周游列国，在去陈国和蔡国的路上被困，一连好几天没吃上一顿饭。孔老夫子实在受不住，只好大白天躺下睡大觉，想以此来忘却饥饿。孔子的大弟子颜回见老师饿得很，心中十分忧伤，心想，老师上了年纪，怎能经得住这般折磨啊！再不想出办法，怕是要出危险了，颜回也没有什么好办法可想，只好去向人乞讨。这一次真是天不绝人，居然碰上一个好心肠的老婆婆，给了他一些白米，颜回高高兴兴地把米拿回来，急忙把米倒在锅里，砍柴生火，不一会儿，饭就熟了。孔夫子这时刚好醒来，突然闻到一股扑鼻的饭香,好生奇怪,便起来探看。刚一跨出房门,就看见颜回正从锅里抓了一把米饭往嘴里送,孔子又高兴又生气:高兴的是有饭吃了;生气的是,颜回竟然如此无礼,老师尚且未吃,他却自己先吃了起来。过了一会儿,颜回恭恭敬敬地端来一大碗香喷喷、热腾腾的白米饭,送到孔子面前,说:"今日幸好遇到好心人赠米,现在饭做好了,先请老师进食。"不料孔子一下子站起身来,说:"刚才我在睡梦中见到去世的父亲,让我先用这碗白米饭祭奠他老人家。"颜回一把将那碗米饭夺了回去,连忙说:"不行!不行!这米饭不干净,不能用它来祭奠!"孔夫子故作不解地问道:"为何说它不干净呢?"颜回答道:"刚才我煮饭时,不小心把一块炭灰掉到上面,我感到很为难,倒掉吧,太可惜了,但又不能把弄脏的饭给老师吃呀!后来,我把上面沾有炭灰的饭抓来吃了,这掉过炭灰的米饭怎能用来祭奠呢?"孔夫子听了颜回的话,才恍然大悟,消除了对颜回的误解,深感这个弟子是个贤德之人。

演一演

1.当你的看法与老师不同时,你会怎样与老师沟通?
2.你与父母有不同意见时,怎么做?

第三章　孝亲之礼

第一节　与父母一起探望病人

问号屋

同学们，你曾与爸爸妈妈探望过病人吗？在探病过程中你是怎样做的？有哪些要注意的地方？

故事屋

文明探病

一天，小军随妈妈去医院探望生病的姥姥，妈妈说姥姥得了很重的病。走入姥姥的病房，一股刺鼻的药味扑面而来。小军刚想捂住鼻子，但想到姥姥生病了，一定很难受，如果让她看到自己捂鼻子，肯定会认为自己病得很严重，会很伤心。于是他便若无其事地找把椅子坐下来，关切地问："姥姥，您感觉怎么样？今天好点了吗？"姥姥微微一笑，艰难地点了点头。"姥姥，您别怕，您一定会战胜病魔。"小军真挚地边说边拉起姥姥的手。"姥姥，我给您讲一个笑话吧！您多笑一笑，病自然就会好的。"说着便绘声绘色地讲了起来。姥姥听后高兴地说："小军真是懂事了，都能帮姥姥解除病痛了。"小军趁妈妈与姥姥聊天的间隙，便拿出买的水果洗了洗，递给了姥姥说："姥姥，您吃个苹果吧！多吃点病才能好得快啊！"姥姥接过苹果，欣慰地笑了。

> 风向标

探病礼仪小贴士

1.进病人居室时应先敲门,使病人感到自己受到尊重。

2.像平常一样握手,谈话。亲昵的举止,能表示出一种难以用语言表达的情感。

3.最好能问声:"您今天好多了吧?"

4.说话时,要让病人感到,你是在真心实意地关怀他,要看着对方的眼睛,认真、耐心地倾听病人的讲话。

5.交谈中,让病人始终处于"主导"地位,让他多说话,以表达自己的思想、感受。

6.多用乐观话语鼓励病人,但要注意分寸。

7.看到医疗器械和治疗用品时,不要大惊小怪。

8."您还需要什么?""我能帮您做点什么?"这些话,能使病人高兴。

9.探望时间,一般不超过 10~15 分钟。

互动广场

1.爸爸的同事生病住院了，小明和爸爸在周日一起去医院探望。小明很兴奋，到医院又蹦又跳，看到什么都觉得很新奇，这瞧瞧，那摸摸，还缠着病床上的叔叔给他讲故事。爸爸用眼睛瞪他，他也不明白为什么。

2.芳芳的同学下楼时不小心摔倒了，摔坏了胳膊，必须住院治疗。芳芳听到后很担心，放学后去医院看望她，在医院芳芳给同学补习这些天她落下的功课，还把班上发生的有趣的事讲给生病的同学听，两个人聊得可开心了。

你觉得上面两位小朋友在探望病人时的表现怎么样？谁做得比较好？谁做得不好？你想怎么帮助他。

第二节 和父母一起承担家务

故事屋

黄香小时候,家中生活很艰苦。在他9岁时,母亲就去世了。黄香非常悲伤。他本就非常孝敬父母,在母亲生病期间,小黄香一直不离左右,守护在妈妈的病床前,母亲去世后,他对父亲更加关心、照顾,尽量让父亲少操心。

冬夜里,天气特别寒冷。那时,农户家里又没有任何取暖的设备,确实很难入睡。一天,黄香晚上读书时,感到特别冷,捧着书卷的手一会就冰凉冰凉的了。他想:这么冷的天气,爸爸一定很冷,他老人家白天干了一天的活,晚上还不能好好地睡觉。想到这里,小黄香心里很不安。为让父亲少挨冷受冻,他读完书便悄悄走进父亲的房里,给他铺好被,然后脱了衣服,钻进父亲的被窝里,用自己的体温,温暖了冰冷的被窝之后,才招呼父亲睡下。黄香用自己的孝敬之心,暖了父亲的心。黄香温席的故事,就这样传开了,街坊邻居人人夸奖黄香。

夏天到了,黄香家低矮的房子显得格外闷热,而且蚊蝇很多。到了晚上,大家都在院里乘凉,尽管每人都不停地摇着手中的蒲扇,可仍不觉得凉快。入夜了,大家也都困了,准备睡觉去了,这时,大家才发现小黄香一直没有在这里。

"香儿,香儿。"父亲忙提高嗓门喊他。

"爸爸,我在这儿呢。"说着,黄香从父亲的房中走出来。满头的汗,手里还拿着一把大蒲扇。

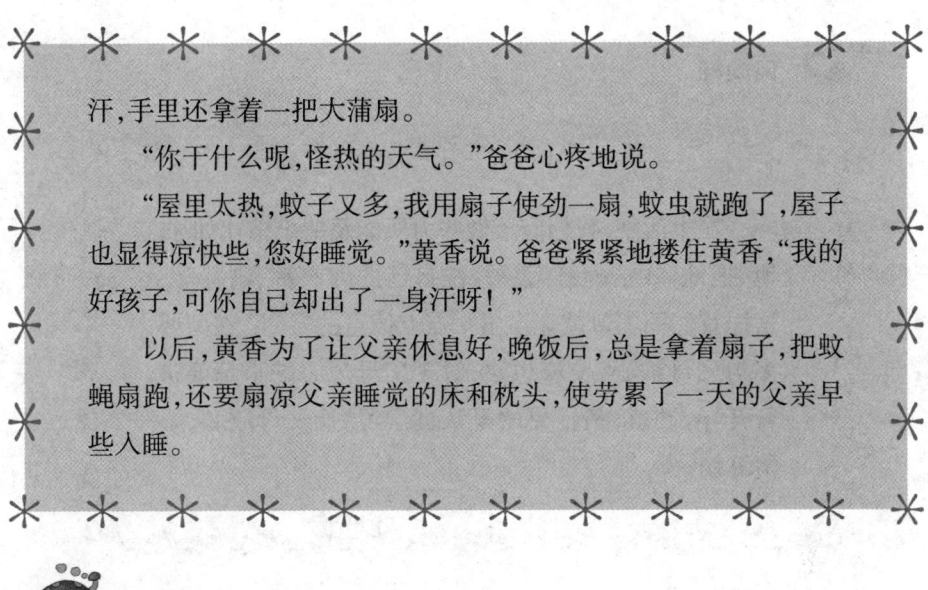

"你干什么呢,怪热的天气。"爸爸心疼地说。

"屋里太热,蚊子又多,我用扇子使劲一扇,蚊虫就跑了,屋子也显得凉快些,您好睡觉。"黄香说。爸爸紧紧地搂住黄香,"我的好孩子,可你自己却出了一身汗呀!"

以后,黄香为了让父亲休息好,晚饭后,总是拿着扇子,把蚊蝇扇跑,还要扇凉父亲睡觉的床和枕头,使劳累了一天的父亲早些入睡。

问号屋

从小到大我们的父母为我们操碎了心,作为儿女我们为父母做过什么事情?又有哪些事情是我们可以帮助父母一同承担的呢?先独立想一想然后再小组内议一议。

我可以为母亲＿＿＿＿＿＿＿＿＿＿＿＿＿＿＿＿＿＿＿

我可以为父亲＿＿＿＿＿＿＿＿＿＿＿＿＿＿＿＿＿＿＿

我还可以＿＿＿＿＿＿＿＿＿＿＿＿＿＿＿＿＿＿＿＿＿

我们自己做好哪些事情可以让父母感到欣慰不用为我们操心?

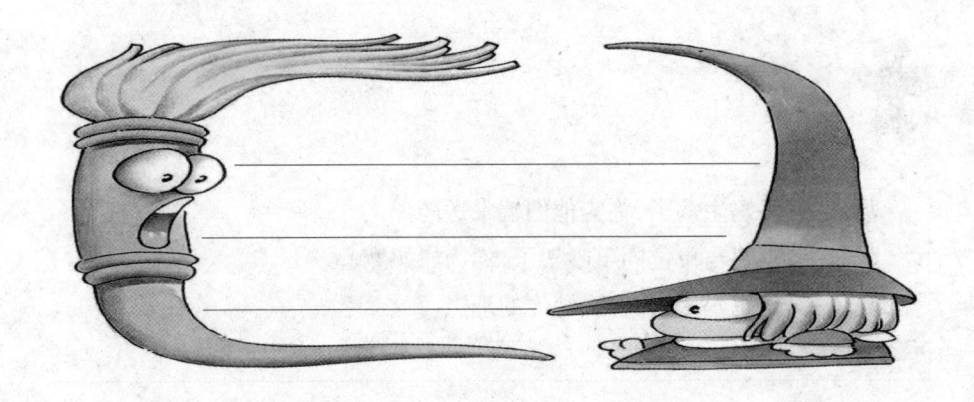

风向标

在生活中,我们应该做些力所能及的事情比如:扫地、拖地、收拾碗筷、叠被、洗自己的内衣裤、刷鞋等,这样我们的父母就会多出一点点休息的时间。在家要多与父母谈心,交流想法,对于父母烦心的事情要进行开导、劝解,最重要的是认真学习,让父母放心,心情舒畅。

引经据典

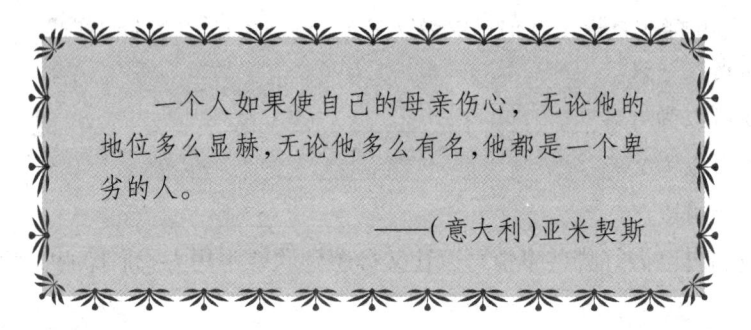

一个人如果使自己的母亲伤心,无论他的地位多么显赫,无论他多么有名,他都是一个卑劣的人。

——(意大利)亚米契斯

演一演

场景一:妈妈生病了,你为他们端水送药。
场景二:妈妈与单位同事吵架了,你为妈妈宽心。
场景三:与妈妈谈心,告诉她你的理想。

第三节　同父母一起外出游玩

问号屋

同学们，暑假和寒假都是旅游的好时机，你是不是很喜欢和爸爸妈妈在一起游玩的美好时光？你们有过和家长一起出去旅游的经历吗？那你在游玩的过程中，是否自己尽情地享乐了？是否尽情的享受父母对你的关心呢？你又是怎么对待父母的呢？

风向标

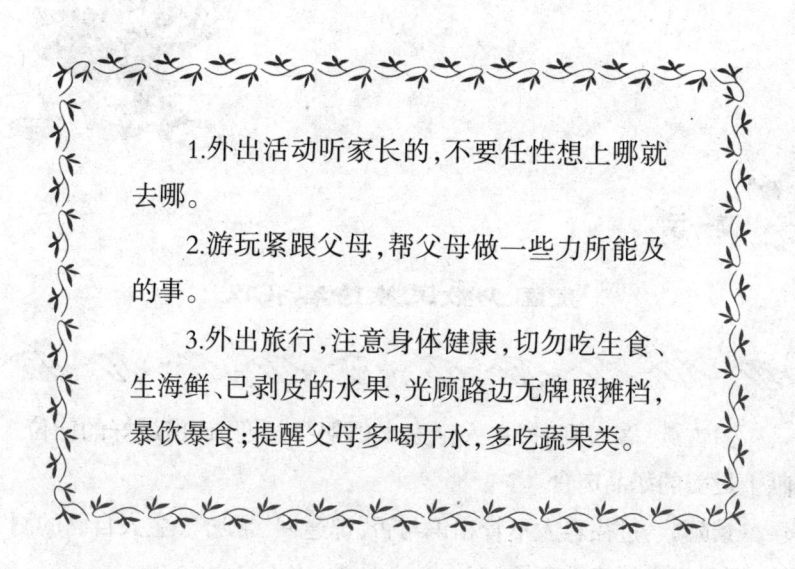

1. 外出活动听家长的，不要任性想上哪就去哪。

2. 游玩紧跟父母，帮父母做一些力所能及的事。

3. 外出旅行，注意身体健康，切勿吃生食、生海鲜、已剥皮的水果，光顾路边无牌照摊档，暴饮暴食；提醒父母多喝开水，多吃蔬果类。

故事屋

这个"六·一"完美吗

六一儿童节那天,妈妈答应馨馨,带她去天水湖公园玩。馨馨想,这回我一定要自己做主,想玩什么就玩什么,今天可是我的节日啊!

路上,馨馨让妈妈买了许多她喜欢吃的零食,却忘记了妈妈最爱喝的果汁。来到了天水湖公园,馨馨像一只快乐的小燕子,飞快地向游乐区跑去,却忘记了在身后拎着大包小包的妈妈。游乐区的游乐设施真齐全,馨馨一会跑这,一会跑那,哪还顾得妈妈的提醒。

一天下来,馨馨心满意足,却忘记了在她身后连口水都没喝的妈妈。这个"六·一"完美吗?

读一读

我国少数民族待客礼仪

蒙古族:客人到时,主人全家出门躬身相迎,让出最好的铺位,献上最美的奶品肉食。

景颇族:过往客人不管相识与否,都邀回"帮吃"。主人自己的酒筒、烟盒都递给客人享用,客人一一品尝,主人高兴。

阿昌族:招待陌生远客很隆重。客人饭后若要付钱,主人会不满意。

鄂温克族:按传统礼节向客敬奶茶,品尝鹿的胸口肉、脊肉、肥维吾尔族:与客人见面时必须握手问候,互道:"撒拉木"或"亚克西姆塞斯"(意为"你好")。送礼时都双手捧上,以示盛情。

珞巴族:通常用干肉、奶渣和玉米酒待客。进餐前,主人照例先饮一口酒、吃一口饭、吃一口菜,以示食物无毒,让陌生客人放心用餐。

白族:送礼必须带"6"字。男家送订婚礼,钱不管多少,一定是16、26、60、160等;生日礼送酒6瓶、16瓶均可。

互动广场

同学们读了上面少数民族的礼节,你和爸爸、妈妈一起去旅游时,你会给他们讲一讲吗?让他们觉得你懂得真多呀!

引经据典

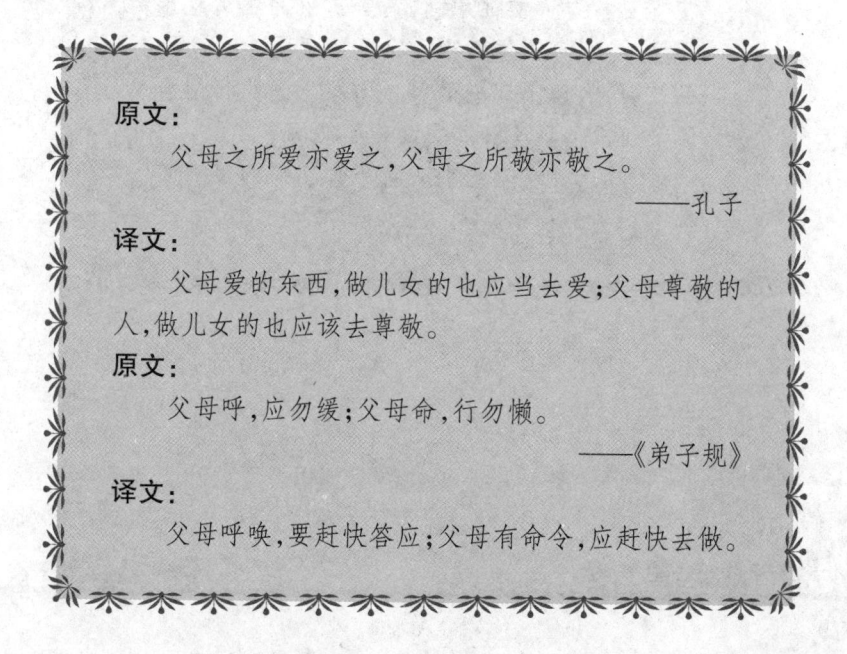

原文:

父母之所爱亦爱之,父母之所敬亦敬之。

——孔子

译文:

父母爱的东西,做儿女的也应当去爱;父母尊敬的人,做儿女的也应该去尊敬。

原文:

父母呼,应勿缓;父母命,行勿懒。

——《弟子规》

译文:

父母呼唤,要赶快答应;父母有命令,应赶快去做。

第四章　社会之礼

第一节　仪表之礼

引经据典

仪表指人的外表，包括人的仪容、姿态、服饰、风度等。在人与人的交流之中，仪表端正体现了一个人的素养、自尊和品位格调，也是对人和周围环境的尊重。

小朋友们，尽管我们知道不能以貌取人，但在日常与人交往中，仪表表达出的意义胜过语言，完全可以透视出一个人的灵魂和内在的品质，给人留下深刻的第一印象。因此我们懂得如何修饰整理自己的仪表形象。

那么，你希望给别人留下什么样的第一印象呢？

故事屋

搭车的际遇

　　国外的一位心理学家曾做过一个实验：分别让一位身着笔挺漂亮军服的海军军官，一位戴金丝眼镜、手持文件夹的青年学者，一位打扮入时的漂亮女郎，一位挎着菜篮子、脸色疲惫的中年妇女，一位留着怪异头发、穿着邋遢的男青年在公路边上搭车，结果，漂亮女郎、海军军官、青年学者的搭车成功率很高，中年妇女稍微困难一些，那个男青年就很难搭到车。

　　这则故事告诉我们：不同的仪表代表了不同的人，随之就会有不同的际遇。

小朋友们，这个问题我们可以换一个假设，你自己来到一个新的班级中，你会选择和仪表怎样的人交朋友呢？写一写吧：

✦ 我希望我的朋友

手脸是＿＿＿＿＿＿＿＿＿＿＿的

衣服是＿＿＿＿＿＿＿＿＿＿＿的

头发是＿＿＿＿＿＿＿＿＿＿＿的

✦ 和同学交流一下：
你不喜欢怎样的仪表形象？

风向标

小学生穿着礼仪

1. 按要求穿规定的校服,不穿奇装异服。
2. 着装整齐,朴素大方,不把上衣捆在腰间,不披衣散扣。
3. 不穿背心、拖鞋、裤衩在校园行走和进入教室。
4. 课堂上不敞衣、脱鞋。
5. 不穿名牌鞋,不穿中高跟鞋,不穿厚底时装鞋,以球鞋或平底鞋为好。
6. 不佩戴项链、耳环(针)、戒指、手链、手镯等饰物。
7. 不涂脂抹粉,不画眉,不纹眉,不纹身,不留长指甲,不涂指甲油。
8. 按要求修剪头发,不染发,不烫发,不留长发。

拓展营地

请同学们互相检查一下,看看你的同桌穿着是不是整齐清洁,符合衣着礼仪。如果不符合,就帮他整理一下,如果同桌衣着符合礼仪,就在他书上画一面红旗吧!

第二节　正确认识网络

问号屋

网络实际上是一个巨大的宝库,又好像一柄双刃剑,不正确利用,不仅学不到知识,还会伤害到自己,关键在于你如何去利用。你准备怎么去利用这个巨大宝库呢?

风向标

应该这样做

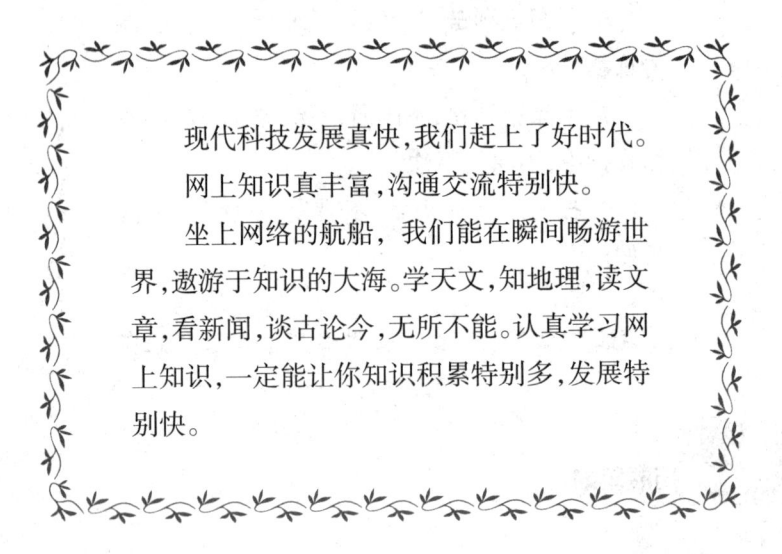

现代科技发展真快,我们赶上了好时代。

网上知识真丰富,沟通交流特别快。

坐上网络的航船,我们能在瞬间畅游世界,遨游于知识的大海。学天文,知地理,读文章,看新闻,谈古论今,无所不能。认真学习网上知识,一定能让你知识积累特别多,发展特别快。

网上信息纷繁复杂,包括暴力、色情、赌博等不良信息,我们不能访问不文明网站,也不能在虚拟的世界里参与暴力和赌博,更不能沉迷于各种游戏和随意进入营业性网吧虚度时光。

《全国青少年网络文明公约》明确提出"五要五不":

> 要善于网上学习,不浏览不良信息。
>
> 要诚实友好交流,不侮辱欺诈他人。
>
> 要增强保护意识,不随意约会网友。
>
> 要维护网络安全,不破坏网络秩序。
>
> 要有益身心健康,不沉溺虚拟时空。

故事屋

对一名网络游戏中毒少年之死的非常调查

> 一个晴朗的清晨,发生了一幕荒诞而真实的惨剧。
>
> 一名沉溺网络游戏虚拟世界的13岁男孩小艺,选择一种"特别"方式告别了现实世界:站在天津市塘沽区海河外滩一栋24层高楼顶上,双臂平伸,双脚交叉成飞天姿势,纵身跃起朝着东南方向的大海"飞"去,去追寻网络游戏中的那些英雄朋友:大第安、复仇天神以及守望者……
>
> 当时目睹这一惨剧的一位清洁工,事后这样向《半月谈》记者感叹:"我从来没有看见过这样一种奇怪的自杀,设计好那么标准的飞天姿势,而且带着笑脸,毫无痛苦!"

说一说

同学们读了这个故事,你有什么感想呢?

拓展营地

大家来讨论一下,除了网络游戏以外,网络上还有哪些活动是我们青少年学习应该尽量避免或完全避免的?

网络活动	警示程度
网络游戏	避免沉溺

引经据典

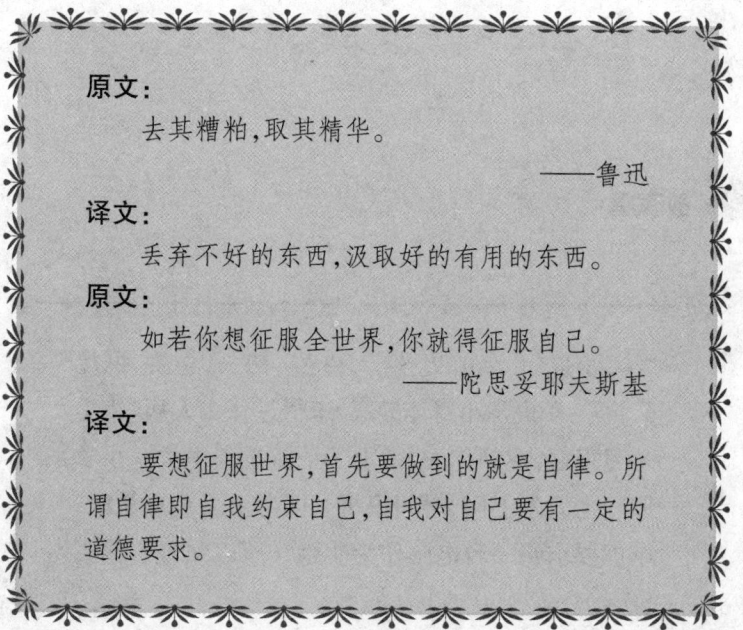

原文:
　　去其糟粕,取其精华。
　　　　　　　　　　——鲁迅

译文:
　　丢弃不好的东西,汲取好的有用的东西。

原文:
　　如若你想征服全世界,你就得征服自己。
　　　　　　　　　　——陀思妥耶夫斯基

译文:
　　要想征服世界,首先要做到的就是自律。所谓自律即自我约束自己,自我对自己要有一定的道德要求。

第三节　健康上网的礼仪

问号屋

同学们,你们知道如何健康上网吗?上网时应该注意些什么吗?

风向标

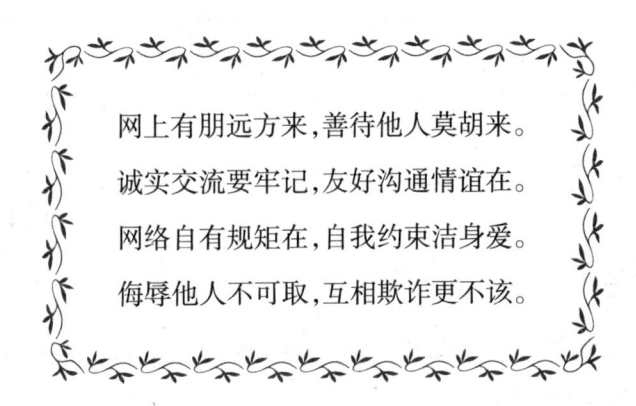

> 网上有朋远方来,善待他人莫胡来。
> 诚实交流要牢记,友好沟通情谊在。
> 网络自有规矩在,自我约束洁身爱。
> 侮辱他人不可取,互相欺诈更不该。

故事屋

小虎(化名),男孩子,13岁,初一,学生,网瘾6个月。小虎从小身体健康,未得过什么大病。小学学习很好,成绩优秀,考上了一所重点中学。小学期间也偶尔上网,时间很短。因考上了重点学校,小虎要求买一台电脑作为奖励,所以父母给他买了一台电脑。当时正在暑假期间,小虎上网时间逐渐增加,甚至忘了吃饭,而且主要在玩游戏。开学以后,这种情况并没有减少,已经严重影响学习。父母加以阻止,并要求他减少上网时间。刚开始一周还能坚持,以后又故态重演,甚至作业不能完成。所以在小虎上网时间过长时,父亲强硬制止,他异常不满,以摔东西、绝食来抗议,最终以父母妥协而告终。以后上网时间更长,父母的阻止丝毫不起作用,甚至发展到父亲阻止而引起双方动手。而且脾气暴躁、不与父母沟通,父母异常痛苦。

问问自己

同学们,看了这个案例后你有什么看法,谈一谈?

互动广场

读一读,也可下课后做做这样的游戏。

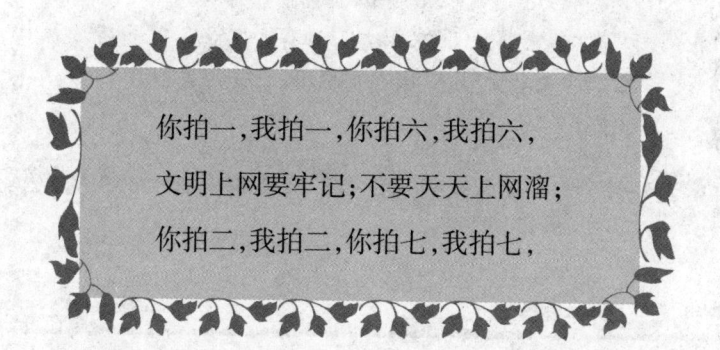

你拍一,我拍一,你拍六,我拍六,
文明上网要牢记;不要天天上网溜;
你拍二,我拍二,你拍七,我拍七,

关心新闻和时事；干净网络多欢喜；

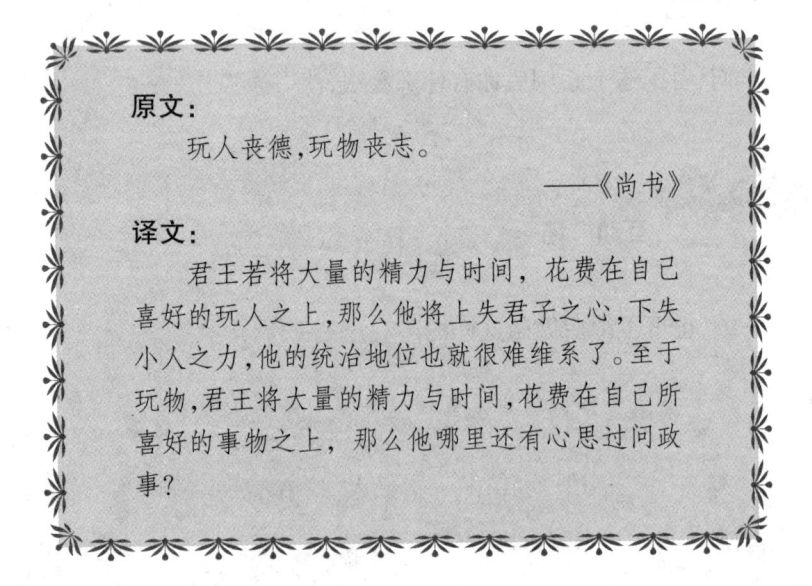

你拍三，我拍三，你拍八，我拍八，

黄色网站我不看；打扫黄页不要怕；

你拍四，我拍四，你拍九，我拍九，

网上游戏不要试；大家决心要持久；

你拍五，我拍五，你拍十，我拍十，

净化网络多鼓舞；少打游戏多读书。

引经据典

原文：

玩人丧德，玩物丧志。

——《尚书》

译文：

君王若将大量的精力与时间，花费在自己喜好的玩人之上，那么他将上失君子之心，下失小人之力，他的统治地位也就很难维系了。至于玩物，君王将大量的精力与时间，花费在自己所喜好的事物之上，那么他哪里还有心思过问政事？

拓展营地

网络自我保护小妙招

正确认识网络

注意把握网络和现实的区别,正确认识网络作用;不要迷恋网络,避免沉溺于网络中而不能自拔。

网络游戏的安全

不参与色情和暴力网络游戏,不沉迷游戏,以免影响正常生活和学习。

网络交友的安全

在填写个人网络资料时要注意个人隐私的保密；不要轻易相信网友的话；尽量避免与网友见面或者参加网友联谊活动。

文明上网

在网络活动中要自觉遵守法律，不参与无用和有害信息的制作和传播；不浏览不健康的网站；区分健康和不健康的信息，珍惜生命，远离自杀；未成年人不到营业性的网吧上网。

要善于网上学习

网络上的信息真是太丰富了，一定要好好利用它！

网络用好是个宝，查找资料不用跑。
天下大事早知道，学习知识不可少。

第六编

第一章　同学之礼

第一节　团结友爱

问号屋

同学们,你们愿意参加各种比赛吗?在比赛中,你们的表现如何呢?你们班的成绩怎么样呢?你的感受是什么?

风向标

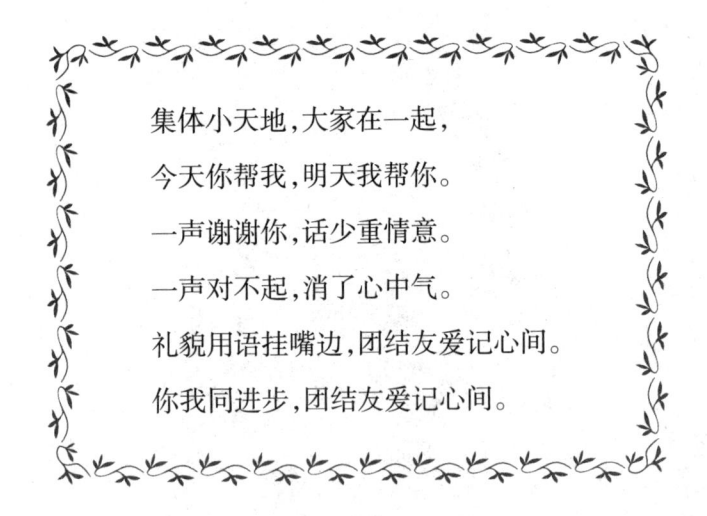

> 集体小天地,大家在一起,
> 今天你帮我,明天我帮你。
> 一声谢谢你,话少重情意。
> 一声对不起,消了心中气。
> 礼貌用语挂嘴边,团结友爱记心间。
> 你我同进步,团结友爱记心间。

引经据典

> 我还会背呢！

团结就是力量。
　　　　　　　　　　　　——谚语

众人拾柴火焰高。
　　　　　　　　　　　　——中国谚语

人心齐，泰山移。
　　　　　　　　　　　　——中国谚语

能用众力，则无敌于天下矣；能用众智，则无畏于圣人矣。
　　　　　　　　　　　　——三国·孙权

五人团结一只虎，十人团结一条龙，百人团结像泰山。
　　　　　　　　　　　　——邓中夏

人们在一起可以做出单独一个人所不能做出的事业；智慧+双手+力量结合在一起，几乎是万能的。
　　　　　　　　　　　　——[美]韦伯斯特

凡是经过考验的朋友，就应该把他们紧紧地团结在你的周围。
　　　　　　　　　　　　——[英]莎士比亚

团结就有力量和智慧，没有诚意实行平等或平等不充分，就不可能有持久而真诚的团结。
　　　　　　　　　　　　——[英]欧文

想一想

今天早上我来到班里,班级里鸦雀无声,突然有一个同学吐了,有些同学急忙从书包里拿纸巾给他,有的同学给他接了一杯热水放在他的桌子上,还有的同学不怕脏,帮他把地上的脏污打扫得干干净净。那个同学对大家说了一声"谢谢",同学们都说:"不客气,这是我们应该做的,因为我们是好朋友嘛!"说完我们就继续早自习了。

这件事看上去很小,可是却可以看出同学之间那种团结友爱的精神。同学之间就是应该互相帮助,在我们的生活中谁遇到困难大家都应该伸出友爱之手去帮他一下,这样即使再大的困难也就不足为惧了。

我希望我们所有人都有一颗美丽而善良的心,还要有一颗有爱之心。

互动广场

同学们,你参加过下面的活动吗?怎样才能赢得比赛的胜利呢?下课时,请你和大家一起来玩吧,一同感受团结的力量!

第二节　诚实守信

查一查

有个故事,名字叫《诚实摆渡人》,找一找,然后讲给同学们听。

风向标

> 同学们,要记住,诚实守信最重要,
>
> 同学之间不张扬,家长面前不夸张,
>
> 承诺的语言要遵守,答应的事情要做到,
>
> 做错了事情要改正,说错了的话语要承认,
>
> 从小要说老实话,诚实守信人人夸。

故事屋

　　曾子是孔子的学生。有一次,曾子的妻子准备去赶集,由于孩子哭闹不已,曾子妻许诺孩子回来后杀猪给他吃。曾子妻从集市上回来后,曾子便捉猪来杀,妻子阻止说:"我不过是跟孩子闹着玩的。"曾子说:"和孩子是不可说着玩的。小孩子不懂事,凡事跟着父母学,听父母的教导。现在你哄骗他,就是教孩子骗人啊。"于是曾子把猪杀了。曾子深深懂得,诚实守信,说话算话是做人的基本准则,若失言不杀猪,那么家中的猪保住了,但却在一个纯洁的孩子的心灵上留下不可磨灭的阴影。

　　在我家居住的小区里,我有一个聪明可爱的小伙伴,叫栾舒慧,我们在一起学习,一起游戏,是很好的朋友。有一天,她高兴地对我说:"沈泱,你知不知道绍兴图书馆正在举办宓风光泥塑展,可好看了!星期六我们一起去看吧!"我很高兴地说:"好啊,我很想去长长见识呢!"于是我们约定星期六下午两点在图书馆门口见面,不见不散。

　　星期六下午两点,我准时到达图书馆,可是过了十分钟,栾舒慧没有来,我有点焦急,心里开始埋怨起她来:"自己约了我来看展览,怎么不守时间!"时间一分一秒地过去了,我的情绪由原来的兴高采烈转为忿忿不平,我在图书馆门口转起了圈,又等了十分钟,栾舒慧还是没有出现,我很失望地想:"这个舒慧,真是太不守信用了,不过,她平时可不是这样的!或许她家里有事……"这时候天突然阴沉了下来,我抬头看看天边,不好!乌云密布,眼看天就要下雷阵雨了,我一跺脚往图书馆大厅内跑去……

　　天果真下起了大雨,我又开始为没带伞发愁了。正在这时,我突然听见远处传来一个清脆的叫声:"沈泱!沈泱!"我回头看去,竟是舒慧!她撑着一把红雨伞,在密密的雨帘中急冲冲地向我走来。一见到她,不知为什么我的气都跑光了,不等我开口,舒慧收了伞甩一下头发上的水珠,扑闪着两只大眼睛气喘吁吁地说:"对不起……沈泱……我……来迟了……我外婆家里临时有急事,妈妈让我一起去,两点钟的时候我往你们家里打电话,可是你妈说你已经走了,我只好来跟你说清楚。"哦!原来是这样,我问道:"你外婆家的事很急吗?""是的,妈妈在图书馆外面等我呢!"我朝外看去,舒慧的妈妈正在雨中焦急地等着女儿呢。"喏,这把雨伞你拿着吧!我走了。"舒慧说着,回头朝大厅外跑去,我一愣,心头涌上一股暖流,远远地我还听见舒慧在说:"沈泱,祝你看到一个好展览!"她的身影渐渐远去。

　　我一个人走进了宓风光泥塑展览室,各种各样的泥塑作品一下子吸引了我的眼球,这一天,我虽然是一个人欣赏展览,但我的心情却特别好。

　　一滴水能照见太阳的光辉,一件小事能增进朋友之间的真诚友谊。诚信,我们应当从身边的一点一滴做起,勿以善小而不为,勿以恶小而为之。

引经据典

言必行,行必果。

信不由中,质无益也。

——《左传》

原文:

凡出言,信为先,诈与妄,奚可焉?话说多,不如少,惟其是,勿佞巧,奸巧语,秽污词,市井气,切戒之。

——弟子规

译文:

凡是开口说话,首先要讲究信用,欺诈不实的言语,在社会上可以永远行得通吗?话说得多不如说的少,凡事实实在在,不要讲些不合实际的花言巧语,另外,奸邪巧辩的言语,肮脏不雅的词句及无赖之徒通俗的口气,都要切实戒除掉。

问问自己

你还知道哪些名人的诚实守信的故事吗?

第三节　异性交往

悄悄话

　　我是六年级学生某某,我擅长文艺,同学们都很喜欢我。李明是我家邻居,又是前后座,他数学特别好,是一个很出色的男孩子。我们经常一起结伴回家,有时我有不会的题就向他请教,他总是很耐心地给我讲解。我们这样本来觉得没什么不好,可是渐渐地却引来了同学们的指指点点,这些议论使得我和李明的处境很尴尬,现在我们的关系逐渐疏远,甚至都不敢说话了。我真的不想失去这个好朋友的,我该怎么办呀?

　　最近学校跳竹竿操,中间有一个男女生拉手的动作,可是我一和男生拉手,我们组打竿的就说我喜欢那个男生,还回去跟别的同学乱说。后来我就只把手伸到半截,跟对面男生的手差很远的位置,可是我觉得那样也挺别扭……

　　老师,我有千万个不理解和不明白,喜欢一个人难道是一种错误吗?我喜欢上一个男同学,总控制不住地去想他。当我把自己的真心话当成秘密告诉好朋友时,她却拿这当成把柄,威胁、利诱,让我做自己本来不想做的事。我不敢跟别人说了,怕说出后,别人会把我当成坏孩子,我压抑着自己对他的喜欢,别人说到某某喜欢谁谁时,我总是说"不可能吧,我们都还这么小……"现在我也不知道该怎么和那位男生相处,我感觉生活在欺骗中,非常痛苦…

引经据典

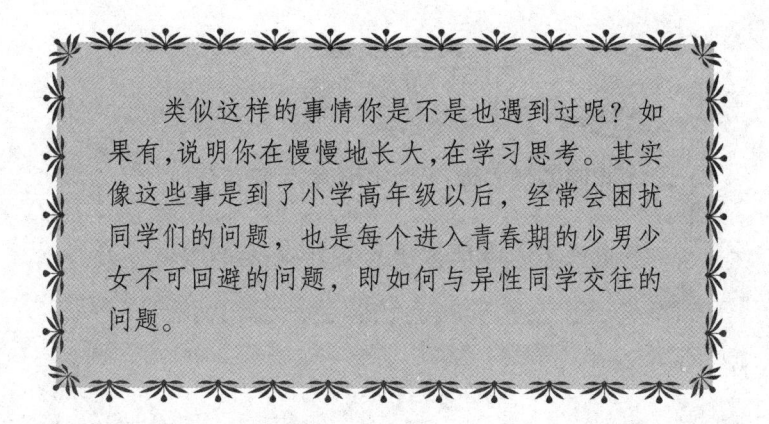

> 类似这样的事情你是不是也遇到过呢？如果有，说明你在慢慢地长大，在学习思考。其实像这些事是到了小学高年级以后，经常会困扰同学们的问题，也是每个进入青春期的少男少女不可回避的问题，即如何与异性同学交往的问题。

风向标

异性交往过程中，要把握好"自然"和"适度"两个原则

所谓自然原则，就是在与异性交往过程中，言语、表情、行为举止、情感流露及所思所想要做到自然、顺畅，既不过分夸张，也不矫揉造作。消除异性交往中的不自然感是建立正常异性关系的前提。自然原则的最好体现是，像对待同性同学那样对待异性同学，同学关系不要因为异性的加入和存在而变得不舒服或不自然。

所谓适度原则，是指异性交往的程度和异性交往的方式要恰到好处，应为大多数人所接受。既不过多地参与异性之间的"单独活动"，也不在异性面前如临大敌，拒不接纳异性的热情与帮助。

互动广场

交友方法

1.克服羞怯心理;2.真实坦诚;3.留有余地

4.群体交往;5.浅交;6.取长补短,共同进步

文明寄语

　　同学们,友谊是人类美好的感情之一,是人们在共同学习、共同工作的基础上产生的,是激励和鼓舞人们前进的高尚的道德力量。异性之间也可以建立起友谊关系,小学生异性同学之间的交往中,友谊是主旋律。只要把握与异性交往的尺度,诚恳对人、热情大方、自尊自重,便能处理好与异性的关系,以自身良好的修养和人品赢得异性的尊重和友情,我们的学习生活也必将更加丰富多彩!

第二章 师长之礼

第一节 教师节

问号屋

古代对人的尊称的顺序"天地君亲师",教师第五位,远比那些王侯将相的地位要高。你知道这是为什么吗?

故事屋

秦始皇拜荆条

秦始皇焚书坑儒,为此而落得个骂名千古,可他尊敬老师的故事却鲜为人知,那是秦始皇统一六国六年后,即公元前 215 年的秋天,他第四次出巡时发生的事。当时,秦始皇在文武群臣的护卫下,乘着车辇,浩浩荡荡地从碣石向东北的仙岛前进,随着均匀的马蹄声,秦始皇不觉沉入对往事的追忆中:回想起自己幼年的老师,仿佛他就在眼前,虽说严厉,可令人钦敬难忘,他想我嬴政能有今日,也有老师的一份功劳呢,那位威严的老人,第一次授课讲的就是舜爷赐给我们家的姓,他先分别讲了"亡、口、月、女、凡",然后再合成一个"嬴"字,第二天就要背写,"老师,这字太难写了。""怎么一个嬴字就难住了,将来秦国要你去治理,难事多着哩,能知难而不进吗?"说着就举起了荆条棍……可惜自己已多年没见过这位老师,听说他老人家已经去世了。突然,车停了,前卫奏道:仙岛离此不远,请万岁乘马,于是,秦始皇换乘了心爱

195

的大白马，过不多时，便到了岛上，始皇环视渤海，胸襟万里，豪气昂然，更加思绪万千。待到他低头察看眼前，却忽然下马，撩衣跪拜起来，随从的大臣们见此情景，莫名其妙，也只好跟着参拜。等皇帝站起身来，大臣李斯才问他为何参拜，秦始皇深情地说："众位卿家，此岛所生荆条，正是朕幼年在邯郸时老师所用的荆条，朕见荆条，如见恩师，怎能不拜。"后来，人们就把这个岛称为秦皇岛。

知识窗

中国教师节

1985年1月21日，第六届全国人大常委会第九次会议作出决议，将每年的9月10日定为我国的教师节。

尊师重教是中国的优良传统，早在公元前11世纪的西周时期，就提出"弟子事师，敬同于父"，古代大教育家孔子更是留下了"有教无类""温故而知新""学而时习之"等一系列至理名言。传道授业解惑的教师，被中国人誉为人类灵魂的工程师。

其实早在1932年，民国政府曾规定6月6日为教师节，解放后废除了6月6日的教师节，改用"五一国际劳动节"为教师节，但教师节没有单独的活动，没有特点。而将教师节定在9月10日是考虑到全国大、中、小学新学年开始，学校要有新的气象。新生入学开始，即尊师重教，可以给"教师教好、学生学好"创造良好的气氛。1985年9月10日，是中国恢复建立第一个教师节，从此以后，老师便有了自己的节日。

世界各地教师节

阿尔巴尼亚——每年的3月7日定为教师节,正好在妇女节的前一天。在教师节这天,阿尔巴尼亚放假一天。

捷克——每年3月28日定为教师节。学童们会在教师节这天送花给他们的老师,并放假一天。

美国——每年五月份第一个完整星期中的星期二(2009年是五月五日)定为教师节,是个放假的节日。

韩国——每年5月15日定为教师节,在这天,学生们会送给老师们康乃馨,并和学生一起度过欢愉的一天。

新加坡——每年9月1日定为教师节。这天新加坡所有的学校放假一天。

泰国——每年1月16日定为教师节。这天全国学校放假,隆重庆祝。各地的庆祝仪式上,向当年退休和刚参加工作的教师颁发奖状并献花。

捷克、斯洛伐克——每年3月28日定为教师节。这天前后的一周之内,全国广泛而隆重地举行尊师重教活动。国家向优秀教师颁发勋章或授予荣誉称号等。

德国——每年6月12日定为教师节。各地开展尊师敬师活动。

匈牙利——每年6月的第一个周一定为教师节。节前,国家要召开教师代表大会,表彰和命名一批优秀的教育工作者,有的还颁以重奖。

朝鲜——为纪念金日成主席1977年9月5日发表《社会主义教育提纲》,将这天定为教师节。

印度——每年9月5日定为教师节,而每年11月14日的印度儿童节同时定为印度儿童教育工作者的节日。

同学们你还知道哪些国家的教师节?有兴趣的可以找一找。

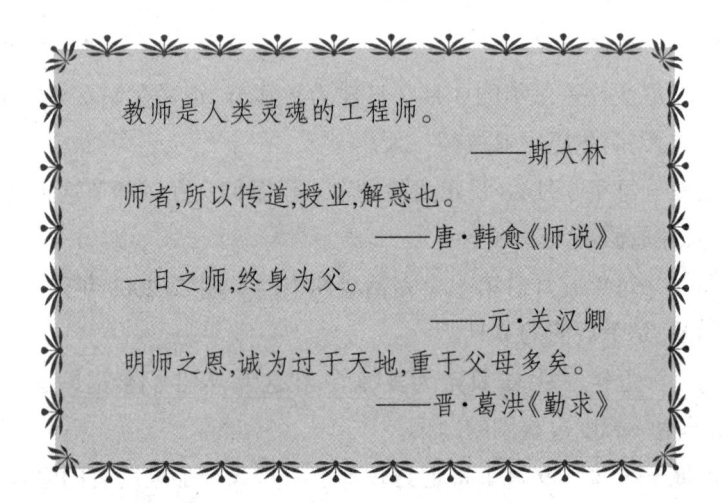

引经据典

教师是人类灵魂的工程师。
——斯大林

师者,所以传道,授业,解惑也。
——唐·韩愈《师说》

一日之师,终身为父。
——元·关汉卿

明师之恩,诚为过于天地,重于父母多矣。
——晋·葛洪《勤求》

互动广场

你知道人们都把老师称作什么吗?
(　　)(　　)(　　)(　　　)(　　)

你也给自己的老师想一个尊称吧!
(　　)(　　)

第二节 感恩师长

你知道吗？

我们逸夫小学是一所具有50年历史的学校，记得五十年校庆的时候，好多从逸夫走出去的在各行各业都有所成就的毕业生，也回到了母校共同来庆祝这个神圣的时刻。何中启爷爷为我们整台节目进行了编排；朱文成长大后成为了一名优秀的教师后又回到了母校，并和当年的同学们为母校捐了100本图书，这些人用自己的实际行动回报了母校的教育之恩。

同学们，你们也即将走出母校，你打算用怎样的实际行动回报自己的启蒙老师、自己的母校呢？想一想，说一说。

知识窗

邵逸夫出生于浙江省宁波市，是香港著名的实业家、慈善家。他热爱祖国，关心家乡，为回报母校做出了杰出的贡献。他在宁波的捐赠超过4000多万人民币，助建项目包括宁波大学西区图书馆、教学楼，职教中心和宁波邵逸夫艺术幼儿师范学校、逸夫职业高级中学、中兴中学、逸夫剧院，以及祖居地的康乐园等。根据教育部提供的最新数据，邵逸夫自1985年至2003年，向国内教育事业捐赠包括大学、中小学、师范学校、职业技术学校共计400多个项目，遍及全国所有省、市、自治区，赠款累计31.5亿港元。我们今天就读的逸夫小学，就是邵逸夫先生所捐赠的。

引经据典

不管一个人取得多么值得骄傲的成绩,都应该饮水思源,应该记住是自己的老师为他们的成长播下最初的种子。

——居里夫人

我会唱

感恩的心

我来自偶然,像一颗尘土。
有谁看出我的脆弱。我来自何方?
我情归何处?谁在下一刻呼唤我。
天地虽宽,这条路却难走。
我看遍这人间坎坷辛苦。
我还有多少爱,我还有多少泪。
要苍天知道:我不认输。
感恩的心,感谢有你,
伴我一生,让我有勇气做我自己。
感恩的心,感谢命运,
花开花落,我一样会珍惜。

互动广场

设计一节《感恩老师》为主题的班会。

第三节　当老师小助手

故事屋

一个八岁小女孩的日记

日期：2009年3月19日　　天气：晴

不知怎么了，最近李老师的嗓子突然哑了，为了让老师早日康复，每堂下课我都去主动给老师倒水，主动帮老师做一些力所能及的事。希望老师多休息，早日恢复！

问问自己

一、老师每天都要做哪些工作？

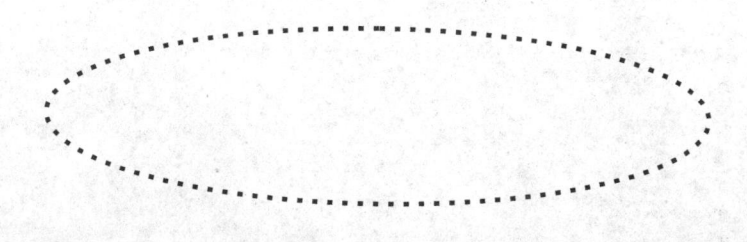

你的感想是_____

_____

在这些工作中你能为老师分担哪些？

二、他们说的对吗？如果不对,应该怎样做？

1、小王说："除了我们班班主任以外,我没有必要协助其他老师。"

2、李林认为:只要把班级打扫干净就行了,不用管教师办公室。

3、张强说："老师喊我帮忙时,我一般都躲得远远的。"

三、我能这样做。

劳动中我能协助老师_____

管理班级时我能协助老师_____

发放作业时我能协助老师_____

还有,_____

_____

_____

_____

互动广场

学了本课后,你打算为老师做些什么,写一写。

第三章 孝亲之礼

第一节 珍惜父母的成果

问号屋

家庭大调查：

1.爸爸的工作是(　　)，主要负责(　　)。爸爸每天工作(　　)小时。爸爸的月收入是(　　)，平均一天收入(　　)，一小时收入(　　)。

2.妈妈的工作是(　　)，主要负责(　　)。爸爸每天工作(　　)小时。爸爸的月收入是(　　)，平均一天收入(　　)，一小时收入(　　)。

3.每月家庭固定开销(　　)元。(包括：吃饭的费用、水电费、液化气、电话费等)每月家庭不固定开销大约(　　)元。(包括：买衣服、旅游、人情往来等)

4.每月固定存款大约(　　)元，主要用途是(　　)。

5.每月你的教育、学习开销(　　)元。(包括：补课费、买课外书、文具的费用等)

6.每月你的支出(　　)元。(包括：父母给你买的零食，带你去吃肯德基、去公园玩的费用等，以及自由支配的钱)

调查结果出来了，你有什么感受吗？

风向标

父母工作很辛苦，
一点一滴皆为吾。
父母劳动要珍惜，
争做孝顺好儿女。
不浪费来不攀比，
父母之爱记心底。
常念父母亲与爱，
心存感恩来珍惜。

故事屋

苹果树和小男孩

很久以前有一棵苹果树。一个小男孩每天都喜欢来到树旁玩耍。他爬到树顶,吃苹果,在树荫里打盹……他爱这棵树,树也爱和他一起玩。随着时间的流逝,小男孩长大了。他不再到树旁玩耍了。

一天,男孩回到树旁,看起来很悲伤。"来和我玩吧!"树说。"我不再是小孩了,我不会再到树下玩耍了。"男孩答道,"我想要玩具,我需要钱来买。""很遗憾,我没有钱……但是你可以采摘我的所有苹果拿去卖。这样你就有钱了。"男孩很兴奋。他摘掉树上所有的苹果,然后高兴地离开了。自从那以后男孩没有回来。树很伤心。

一天,男孩回来了,树非常兴奋。"来和我玩吧。"树说。"我没有时间玩。我得为我的家庭工作。我们需要一个房子来遮风挡雨,你能帮我吗?""很遗憾,我没有房子。但是,你可以砍下我的树枝来建房。"因此,男孩砍下所有的树枝,高高兴兴地离开了。看到他高兴,树也很高兴。但是,自从那时起男孩没再出现,树又孤独,伤心起来。突然,在一个夏日,男孩回到树旁,树很高兴。"来和我玩吧!"树说。"我很伤心,我开始老了。我想去航海放松自己。你能不能给我一条船?""用我的树干去造一条船,你就能航海了,你会高兴的。"于是,男孩砍倒树干去造船。他航海去了,很长一段时间未露面。许多年后男孩终于回来了。"很遗憾,我的孩子,我再也没有任何东西可以给你了。没有苹果给你……"树说。"我没有牙齿啃。"男孩答道。"没有树干供你爬。""现在我老了,爬不上去了。"男孩说。"我真的想把一切都给你……我唯一剩下的东西是快要死去的树墩。"树含着眼泪说。"现在,我不需要什么东西,只需要一个地方来休息。经过了这些年我太累了。"男孩答道。"太好了!老树墩就是倚着休息的最好地方。过来,和我一起坐下休息吧。"男孩坐下了,树很高兴,含泪而笑……

这是一个发生在每一个人身上的故事。那棵树就像我们的父母。我们小的时候,喜欢和爸爸妈妈玩……长大后,便离开他们,只有在我们需要父母亲,或是遇到了困难的时候,才会回去找他们。尽管如此,父母却总是有求必应,为了我们的幸福,无私地奉献自己的一切。

引经据典

原文:
　　父母之恩,水不能溺,火不能灭。
　　　　　　　　　　　　　——苏联

译文:
　　父母的恩情啊,再大的水也淹不了,再大的火也烧不尽。父母之恩大如山,世间再大东西也掩盖不了父母的恩情。

◇子女是父母的至宝。(英国)
◇父母天地心,大小无厚薄。
◇养儿方知娘辛苦,养女方知谢娘恩。
◇父恩比山高,母恩比海深。(日本)

互动广场

6岁的薛明聪明活泼,人见人爱,但有一个特别不好的习惯就是爱毁坏物品。薛明有很多玩具,但每个玩具都是破破烂烂的。

薛明渐渐长大了,兴趣也慢慢转移到了阅读上。但是,薛明对待图书依旧很残忍。一本刚买的新书,没过几天就会变得破旧不堪。

薛明做得对吗?说说你的看法!

读一读

【血浓于水】
词曲:付林
演唱:童孔
电视剧《儿女情长》片尾曲

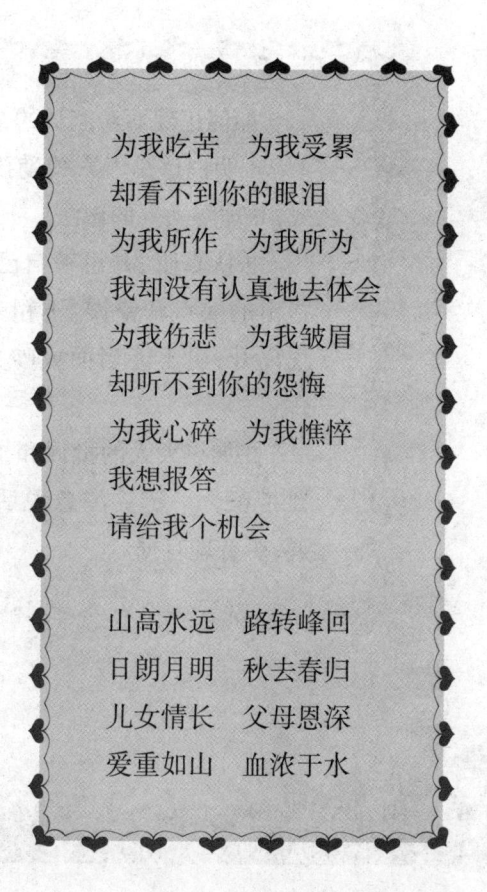

为我吃苦　为我受累
却看不到你的眼泪
为我所作　为我所为
我却没有认真地去体会
为我伤悲　为我皱眉
却听不到你的怨悔
为我心碎　为我憔悴
我想报答
请给我个机会

山高水远　路转峰回
日朗月明　秋去春归
儿女情长　父母恩深
爱重如山　血浓于水

第二节　面对家长的批评

问号屋

爸爸妈妈爱你的方式一样吗？他们最常用的爱你的表达方式是什么？有人说批评不是爱，因为批评的话让人难过，你同意这种看法吗？平常，你又是怎样表达对家人的爱？

风向标

如何正确面对家长的批评：

1.明白这是大人关爱孩子的一种方式，并理解大人的做法。

2.认真听，并思考自己是否有大人指出的缺点和错误，不粗暴打断，不赌气离开，更不能当面大吵大闹，要赖撒娇。

3.如果大人的批评和指责有错误需要指正，一定要注意说话的语气和语调，要有理有据。

故事屋

王羲之劝子于学

　　晋代书法家王献之自小跟父亲王羲之学写字。有一次,他要父亲传授习字的秘诀,王羲之没有正面回答,而是指着院里的十八口水缸说:"秘诀就在这些水缸中,你把这些水缸中的水写完就知道了。"

　　王献之心中不服,认为自己人虽小,字已经写得很不错了,下决心再练基本功,在父亲面前显示一下。他天天模仿父亲的字体,练习横、竖、点、撇、捺,足足练习了两年,才把自己写的字给父亲看。父亲笑而不语,母亲在一旁说:"有点像铁划了。"王献之又练了两年各种各样的钩,然后给父亲看,父亲还是不言不语,母亲说:"有点像银钩了。"王献之这才开始练完整的字,足足又练了四年,才把写的字捧给父亲看。王羲之看后,在儿子写的"大"字下面加了一点,成了"太"字,因为他嫌独生子写的"大"字架势上紧下松。母亲看了王献之写的字,叹了口气说:"我儿练字三千日,只有这一点是像你父亲写的!"王献之听了,这才彻底服了。从此,他更加下工夫练习写字了。

　　王羲之看到儿子用功练字,心里非常高兴。一天,他悄悄地走到儿子的身背后,猛地拔他执握在手中的笔,没有拔动,于是他赞扬了儿子说:"此儿后当复有大名。"王羲之知道儿子写字时有了手劲,这才开始悉心培养他。后来,王献之真的写完了这十八缸水,与他的父亲一样,成了著名的书法家。

209

引经据典

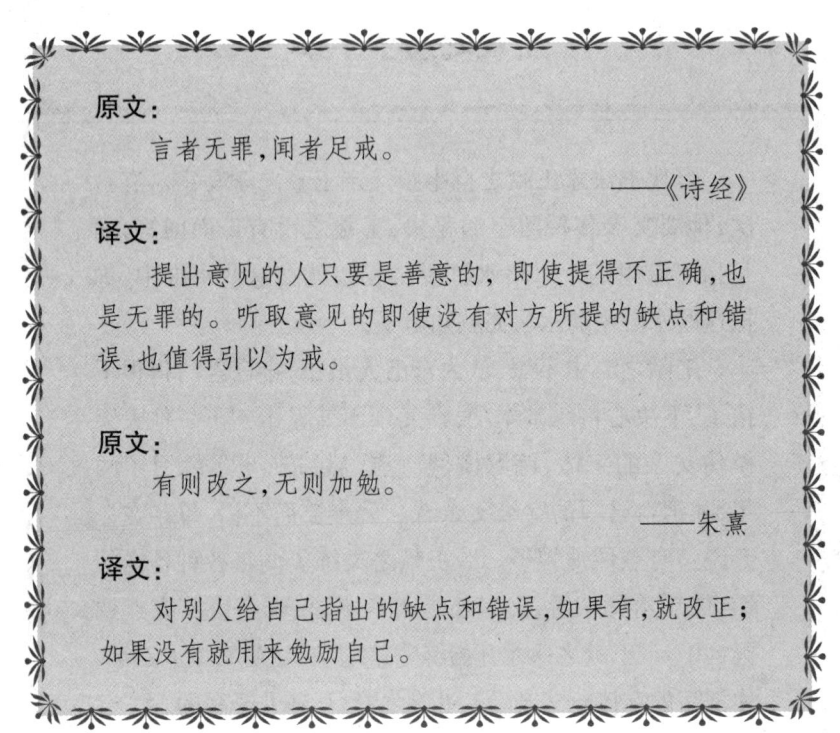

原文：
言者无罪，闻者足戒。

——《诗经》

译文：
提出意见的人只要是善意的，即使提得不正确，也是无罪的。听取意见的即使没有对方所提的缺点和错误，也值得引以为戒。

原文：
有则改之，无则加勉。

——朱熹

译文：
对别人给自己指出的缺点和错误，如果有，就改正；如果没有就用来勉励自己。

互动广场

在生活中，面对家长的批评和指责，你知道有哪些错误的做法？请你写在下面。

读一读

小时候,不知道什么叫批评,
常常觉得委屈,一滴滴的泪水,
像夏天的雨,飘忽而来。
不明白妈妈为什么生气,
吵闹着问:"妈妈,您是不是不爱我了?"
却不小心瞥见妈妈眼角悄悄滑落的泪珠。

懂事了,知道了什么叫批评,
心里虽觉得难受,一滴滴的泪水,
却满含着自己的忏悔。
仔细聆听着妈妈的教诲,
思考批评自己的不对,
不粗暴打断,不赌气离开,
不大吵大闹,不耍赖撒娇。
我终于明白,批评也是妈妈对我的爱。

第三节　学会与父母沟通

问号屋

你有心里话的时候你愿意和父母沟通吗?

风向标

父母爱,最无私,用心苦,情意稠;

做儿女,要孝敬,分担子,解烦忧;

生活中,互帮助,多体谅,做朋友;

遇问题,换位想,听意见,亲交流;

有错误,敢承担,据实际,提要求;

亲子之爱永不变,沟通理解最关键;

敬父爱母是美德,中华传统代代传。

故事屋

　　小洁平时成绩非常好,可是最近由于身体不舒服,妈妈又出差在外,这段时间上课无精打采,作业也马马虎虎,这次语文考试只得了个"及格"。拿到试卷那天晚上,妈妈正好出差回家,忙里忙外做着许多家务。小洁取出语文试卷,犹豫着该不该向妈妈说明情况,妈妈正累得满头大汗,看到成绩非常恼火,严厉地批评了小洁。小洁觉得自己很委屈,甩门躲进自己的房间趴在床上哭了起来。就这样,她和妈妈已经两天不说话了。

思考交流:

1.为什么小小的考卷会引发母女俩那么大的矛盾?

妈妈的原因:

小洁的原因:

2.你能不能想想办法,怎样才能帮小洁与妈妈和好?说说你的高招。

引经据典

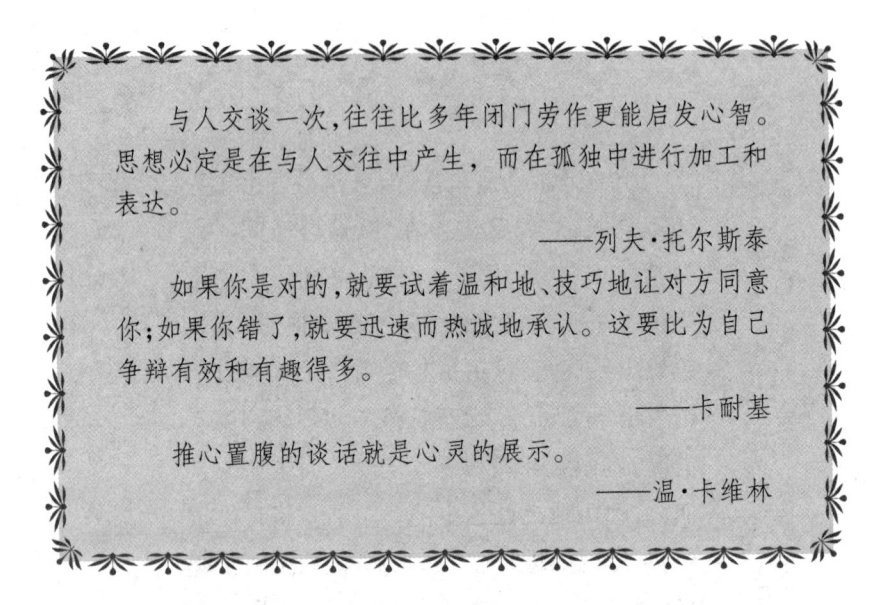

> 与人交谈一次,往往比多年闭门劳作更能启发心智。思想必定是在与人交往中产生,而在孤独中进行加工和表达。
>
> ——列夫·托尔斯泰
>
> 如果你是对的,就要试着温和地、技巧地让对方同意你;如果你错了,就要迅速而热诚地承认。这要比为自己争辩有效和有趣得多。
>
> ——卡耐基
>
> 推心置腹的谈话就是心灵的展示。
>
> ——温·卡维林

互动广场

请小朋友和你的爸爸或妈妈互换角色,谈一谈你们心目中理想的家长与孩子。然后说一说你有什么感受?

第四章　社会之礼

第一节　做文明小顾客（一）

问号屋

到一个超市里去观察观察，看看人们购买东西时有哪些好习惯，又有哪些不好的习惯还需要改正或者注意的。

风向标

应该这样做

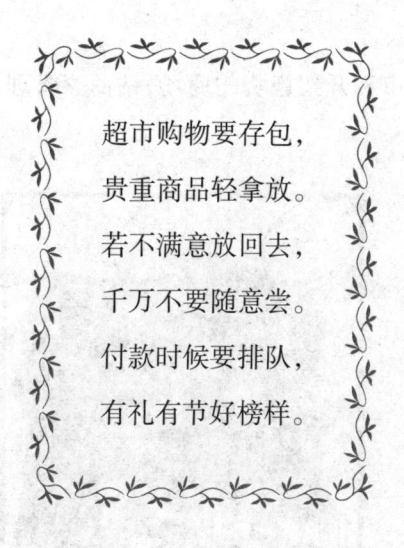

超市购物要存包，
贵重商品轻拿放。
若不满意放回去，
千万不要随意尝。
付款时候要排队，
有礼有节好榜样。

不应该这样做

损坏购物环境：

比如在商场内乱扔废物，随地吐痰或吐口香糖；不爱惜超市的各种物品；甚至在商场为顾客准备的休息椅凳上睡大觉。

顺手牵羊：

恶意享受商家免费提供的物品；在超市和开架售货的商场，钻商家管理的空子，顺手牵羊，造成经营者货物损失。

索赔漫天要价：

　　一位顾客因购买的饮料中有一小块发酵物，竟狮子大开口，索赔10万元。这种超出正常范畴的索赔，属于敲诈。

不遵守秩序：

　　在购物点高声喧哗；不要的商品不放回原位；将购物筐或小推车随意丢弃；在打折柜台拼命拥挤；在付款时不排队。

秽语中伤服务员：

  对服务员故意刁难，稍有不顺，就口出秽语，甚至骂人，损害服务员的人格，有的甚至动手打人。

故事屋

我是"上帝"，我怕谁

  有一次，李华经过夜市。听见有个摊主在高声吆喝："走一走，看一看，时鲜水果大甩卖。机不可失，时不再来，快来买啦！"
  李华于是上前问："老板，这苹果多少钱一斤？"摊主说："3块，你要的话，便宜点，2块5拿去。"李华拿过一个苹果，咬了一口："怎么是酸的？"然后扔掉了。又拿过一个橘子，剥开，吃了一瓣："太甜了！"又将剩下的扔了。摊主问："小朋友，你这是干什么？"李华说："你不认得我啦？我经常照顾你的生意。"摊主笑着说："哦，是你，小朋友，你想买什么？"李华说："我看看这西瓜怎么样？"（假装不小心将西瓜碰到地上，西瓜摔碎了）摊主大怒，欲打李华。李华满不在乎地说："你来呀！来呀！顾客就是'上帝'，我是'上帝'我怕谁！"

说一说

同学们,你们说李华这样做对吗?他错在哪儿?

引经据典

原文:

效马效羊者右牵之。

——《礼记》

译文:

顺手把人家的羊牵走。比喻趁势将敌手捉住或乘机利用别人。现比喻乘机拿走别人的东西。(就是成语"顺手牵羊"的来历)

第二节 做文明小顾客（二）

问号屋

小朋友们，当我们去商场、超市……购物时，商家都会用"上帝"来定位消费者，但是我们是否能肆意妄为，傲慢无礼呢？看看下面的两个小故事，想一想：

你喜欢哪个故事里的小朋友，为什么？

故事屋

故事（一）

一次课间，张猛和几个同学到校门口超市买零食。挑选好商品后，他们来到前台结账，可是排队结账的人挺多的，眼看上课铃就要响了，张猛和同学有点着急，这时身后的同学把张猛往前推了一下，张猛没料到突如其来的情况，一个踉跄撞到了前面的一位阿姨。

这时，张猛没有及时向阿姨道歉，而是转身找后面的同学"算账"，使那位被撞的阿姨有些不满……在付账的时候，张猛挑选的商品价格总和超出了自己所带的钱数，于是，把一包薯片往旁边的台子上一扔，说："什么破薯片，还这么贵，这是坑人，这包薯片我不要了。"这些话让售货员很不满，于是结账的时候故意表现得有些磨蹭，这被张猛和几位同学看在眼里，然后就责怪售货员。最后，他们还吵了几句，闹得大家不开心。

故事(二)

　　世博会马上就要开幕了！乐乐和晓晓的爸爸妈妈打算在世博会开幕前给北京的亲戚朋友们买些纪念品，于是，两家人一起来到百货商场。

　　进入到商场，映入眼帘的就是一尘不染的地板、明亮的柜台；商品琳琅满目，服务员叔叔、阿姨脸上都带着微笑。乐乐晓晓在和爸爸妈妈选购商品时，都非常小心地轻拿轻放，看后还认真地把它们放回了原处。乐乐的小手有点脏，在拿东西之前，他还特意跟晓晓要了纸巾，把手擦干净。

　　一个上午过去了，爸爸妈妈已经买好了各种礼物。这时乐乐和晓晓累得都快走不动了，爸爸妈妈也有点累了，于是两家人来到了一家冷饮店休息。大家都坐好后，晓晓的爸爸提议去给大家买冷饮。这时候乐乐和晓晓主动站了出来，乐乐说："这样的小事交给我们来做吧！"爸爸妈妈高兴地点了点头。

　　来到冷饮柜台前，售货员阿姨正在给别的顾客指路，两个孩子在一旁耐心等待。售货员阿姨忙完后，亲切地问他们："小朋友，你们要什么啊？"

　　"阿姨您好，我们要草莓冰激凌和巧克力冰激凌。"晓晓有礼貌地说。

　　"好的，总共20元。"说着，阿姨把两种口味的冰激凌从冷柜里拿出来递给了他们。

　　爸爸妈妈高兴地说："你们都长大啦，能够独立地做很多事情了，以后要继续加油！"

我来说：
　　我喜欢＿＿＿＿＿＿＿＿＿，因为＿＿＿＿＿＿＿＿＿＿。

风向标

购物礼仪

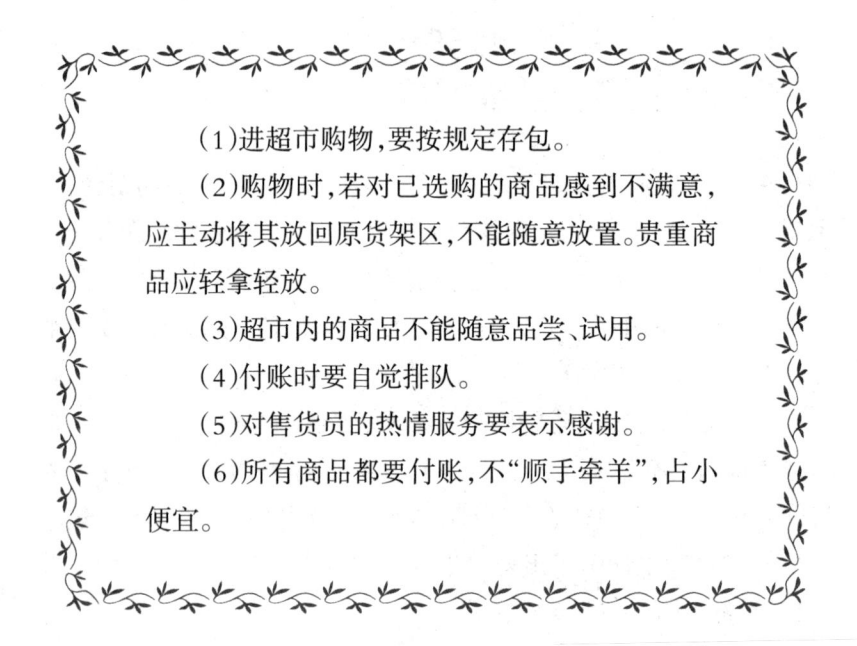

(1)进超市购物,要按规定存包。

(2)购物时,若对已选购的商品感到不满意,应主动将其放回原货架区,不能随意放置。贵重商品应轻拿轻放。

(3)超市内的商品不能随意品尝、试用。

(4)付账时要自觉排队。

(5)对售货员的热情服务要表示感谢。

(6)所有商品都要付账,不"顺手牵羊",占小便宜。

拓展营地

小朋友们,你懂得购物的礼仪了吗?那就和同学们一起演一演应该如何购物吧!请老师和同学们评判一下你是否是个讲礼仪的好孩子?

第三节　做文明小旅客

问号屋

同学们你们知道旅游中应该注意哪些礼仪吗？

风向标

应该这样做

小朋友们去旅游，
交通规则一定守。
听从交警的指挥，
追跑打闹不能有。
过街要走人行道，
文明行路争最优！

登车登机或上船，
慢步轻声按序走。
主动配合乘务员，
公共秩序人人守。
尊老爱幼是美德，
文明乘车争最优。

来到景区讲公德，
垃圾千万别乱丢。
要爱公物护文物，
乱刻乱画才最丑。
尊重当地的礼仪，
文明观光争最优！

住宿也要讲文明，
大吵大闹不能够。
不要影响人休息，
别做无礼的朋友。
爱护房间的卫生，
文明住宿争最优！

"美在其中"　　图/蒋跃新　新华社发

旅游视点

　　旅游,特别是出境旅游过程中的举止行为,不仅显示出一个人的文明素养,也间接反映着一个国家的形象和国民素质。目前,旅游已经成为国人享受生活的重要内容,出境旅游则是今年来掀起的一个新的旅游热点。不过,当我们享受异国风情的同时,到底给所去国家的人民留下了一些什么印象,带去了一种什么文化,这值得国人们深刻思考。从个体来讲,一个人的言行代表的只是他个人的品德和价值。但是,到了国外,他的所作所为,在某种程度上就代表着一个地区,一个国家。在国内,那些行为不端的人,代表地区给其他地区留下了不好的印象。同理,中国人一旦出了境,他的一言一行,就代表国家,是国家的"形象大使"。如果把一切不文明的行为表现在外国人眼中,损坏的就不仅是个人的形象,还损坏了自己国家的形象。

　　身为一名中国人,应该懂得什么叫爱国,什么叫文明,什么叫形象。懂得了,就应该去做,就应该把中国人勤劳、善良、机智、聪明、淳朴、克俭、正直、礼貌等很多优秀品质、优秀文化带到国外,而不是把不文明的言行带出去。同时,还要把其他国家的文明和优秀的文化带回中国。只有这样,我们的文明素质才能真正得到提高,我们的文明程度才会更上一层楼。

第四节 其他国家的礼仪

问号屋

同学们你们知道去外国旅游应该注意哪些礼仪吗?

旅游礼仪小常识

去欧洲

注意：

1.不要大声讲话。欧洲许多城市都有宁静的特质，所以请克制你兴奋的心情，控制音量。

2.不要动手动脚。欧洲大多数店主不喜欢顾客东摸西摸。

去匈牙利

注意：

千万别弄碎玻璃器皿。去匈牙利旅游，不论是住店，还是用餐，千万别弄碎玻璃器皿，如果有人不小心，打碎了玻璃器皿，就会被人认为是要交厄运的先兆，您就成了不受欢迎的人。

去印度、尼泊尔、缅甸等国

注意：

千万别碰黄牛。在印度、尼泊尔、缅甸等国，黄牛是神明的"神牛"。对"神牛"不准鞭打，不准伤害，不能役使，更不能宰杀吃肉；"神牛"走近身边，应把最好的食物送上；在公路闹事遇到"神牛"，行人、车辆都要回避、绕行。尼泊尔政府将黄牛定为"国兽"，谁若伤害、鞭打它，是要罚款和判刑的。

去英国

注意：

英国人讨厌过问私事。如果你去英国旅游，千万不能像在国内一样，问人家"您去哪儿？""吃饭了吗？"这类问题。中国人认为你很热情，但英国人会认为你很粗鲁，他们讨厌别人过问他们的个人生活，英国人更忌讳别人谈论男人的工资和女人的年龄，就连他家的家具值多少钱也是不该问的，这些都是个人生活的秘密，绝不允许别人过问。

去印度或中东旅游

注意：

左手不洁。去印度或中东旅游，吃饭和接拿东西，只能用右手，绝对不能用左手。因为这些国家的人一般是用左手洗澡、上厕所，左手是不洁净的。所以用左手接拿食品是对主人最大的不礼貌。

注意：

　　西方人厌恶"13"。西方人极端厌恶"13"这个数字，在任何场合都极力避开它。它源于《最后的晚餐》，耶稣和弟子们一起吃晚饭，第13个人是弟子犹大，他因为贪图钱财，将耶稣出卖，结果耶稣被钉在十字架上，这个故事流传很广，影响极深，西方人憎恶犹大，故把"13"这个数字当成"不幸的象征"。

拓展营地

　　其实，像这样的各国礼仪还有很多。想想办法，你还能查到哪些这样的各国礼仪常识？写下来，还可以组织一个"各国礼仪"手抄报展示会。